KB172608

과학공화국 수학법정

6

여러 가지 방정식

과학공화국 수학법정 6
여러 가지 방정식

ⓒ 정완상, 2007

초판 1쇄 발행일 | 2007년 7월 30일
초판 20쇄 발행일 | 2022년 10월 17일

지은이 | 정완상
펴낸이 | 정은영
펴낸곳 | (주)자음과모음

출판등록 | 2001년 11월 28일 제2001-000259호
주소 | 10881 경기도 파주시 회동길 325-20
전화 | 편집부 (02)324-2347, 경영지원부 (02)325-6047
팩스 | 편집부 (02)324-2348, 경영지원부 (02)2648-1311
e-mail | jamoteen@jamobook.com

ISBN 978-89-544-1480-7 (04410)

과학공화국 수학법정

수학법정

6
여러 가지 방정식

정완상(국립 경상대학교 교수) 지음

|주|자음과모음

생활 속에서 배우는 기상천외한 수학 수업

처음 법정 원고를 들고 출판사를 찾았던 때가 새삼스럽게 생각납니다. 당초 이렇게까지 장편의 시리즈가 될 거라고는 상상도 못하고 단 한 권만이라도 생활 속의 과학 이야기를 재미있게 담은 책을 낼 수 있었으면 하는 마음이었습니다. 그런 소박한 마음에서 출발한 '과학공화국 법정 시리즈'는 과목별 총 10편까지 50권이라는 방대한 분량으로 출간하게 되었습니다.

과학공화국! 물론 제가 만든 말이지만 과학을 전공하고 과학을 사랑하는 한 사람으로서, 너무나 멋진 이름이었습니다. 그리고 저는 이 공화국에서 벌어지는 황당한 많은 사건들을 과학의 여러 분야와 연결시키는 노력을 하였습니다.

매번 에피소드를 만들어 내려다 보니 머리에 쥐가 날 때도 한두번이 아니었고, 워낙 출판 일정이 빡빡하게 진행되는 관계로 이 시리즈를 집필하면서 솔직히 너무 힘들어, 적당한 권수에서 원고를 마칠까 하는 마음도 굴뚝같았습니다. 하지만 출판사에서는 이왕 시작한 시리즈이므로 각 과목 10편까지, 총 50권으로 완성하자고 했고, 저는 그 제안을 수락하게 되었습니다.

하지만 보람은 있었습니다. 교과서 과학의 내용을 생활 속 에피소드에 녹여 저 나름대로 재판을 하는 과정은 마치 제가 과학의 신이 된 듯 뿌듯하기도 했고, 상상의 나라인 과학공화국에서 즐거운 상상들을 펼칠 수 있어서 좋았습니다.

과학공화국 시리즈 덕분에 저는 많은 초등학생과 학부모님들을 만나 이야기를 나누었습니다. 그리고 그들이 저의 책을 재미있게 읽어 주고 과학을 점점 좋아하게 되는 모습을 지켜보며 좀 더 좋은 원고를 쓰고자 노력했습니다.

이 책을 출판할 수 있도록 용기와 격려를 아끼지 않은 (주)자음과모음의 강병철 사장님과 빡빡한 일정에도 불구하고 좋은 시리즈를 만들기 위해 함께 노력해 준 자음과모음 출판사의 모든 식구들, 그리고 진주에서 작업을 도와준 과학 창작 동아리 'SCICOM' 식구들에게 감사를 드립니다.

진주에서

정완상

목차

판사

제1장 문자와 식에 관한 사건 11

수치 변호사

제2장 일차 방정식의 풀이에 관한 사건 91

매쓰 변호사

프롤로그

수학법정의 탄생

과학공화국이라고 부르는 나라가 있었다. 이 나라에는 과학을
좋아하는 사람들이 모여 살았다. 인근에는 음악을 사랑하는 사람
들이 살고 있는 뮤지오 왕국과 미술을 사랑하는 사람들이 사는 아
티오 왕국, 공업을 장려하는 공업공화국 등 여러 나라가 있었다.

과학공화국에 사는 사람들은 다른 나라 사람들보다 과학을 좋아
했다. 어떤 사람들은 물리를 좋아했고, 또 어떤 사람들은 생물을
좋아했지만, 과학보다 수학을 좋아하는 사람들도 있었다.

수학은 다른 모든 과학의 원리를 논리적으로, 정확하게 설명하
기 위해 반드시 필요한 학문이다. 그렇지만 과학공화국의 명성에
걸맞지 않게 국민들의 수학 수준은 그리 높은 편이 아니었다. 그리
하여 수학 시험을 치르면 과학공화국 아이들보다 오히려 공업공화
국 아이들의 점수가 더 높을 정도였다.

특히 최근 공화국 전역에 인터넷이 급속히 퍼지면서 게임에 중

독된 과학공화국 아이들의 수학 실력은 기준 이하로 떨어졌다. 그러다 보니 자연스럽게 수학 과외나 학원이 성행하게 되었고, 그런 와중에 아이들에게 엉터리 수학을 가르치는 무자격 교사들이 우후죽순 나타나기 시작했다.

일상생활을 하다 보면 수학과 관련한 여러 가지 문제에 부딪히게 되는데, 과학공화국 국민들의 수학에 대한 이해가 떨어져 곳곳에서 분쟁이 끊이지 않았다. 그리하여 과학공화국의 박과학 대통령은 장관들과 이 문제를 논의하기 위해 회의를 열었다.

"최근 들어 잦아진 수학 분쟁을 어떻게 처리하면 좋겠소."

대통령이 힘없이 말을 꺼냈다.

"헌법에 수학적인 조항을 좀 추가하면 어떨까요?"

법무부 장관이 자신 있게 말했다.

"좀 약하지 않을까?"

대통령이 못마땅한 듯이 대답했다.

"그럼 수학적인 문제만을 전문적으로 판결하는 새로운 법정을 만들면 어떨까요?"

수학부 장관이 말했다.

"바로 그거야. 과학공화국답게 그런 법정이 있어야지. 그래! 수학법정을 만들면 되는 거야. 그리고 그 법정에서 다룬 판례들을 신문에 실으면 사람들이 나두시 않고도 시시비비를 가릴 수 있겠지."

대통령은 환하게 웃으며 흡족해했다.

"그럼 국회에서 새로운 수학법을 만들어야 하지 않습니까?"

법무부 장관이 약간 불만족스러운 듯한 표정으로 말했다.

"수학은 가장 논리적인 학문입니다. 누가 풀든 같은 문제에 대해서는 같은 정답이 나오는 것이 수학입니다. 그러므로 수학법정에서는 새로운 법을 만들 필요가 없습니다. 혹시 새로운 수학이 나온다면 모를까……"

수학부 장관이 법무부 장관의 말에 반박했다.

"그래, 나도 수학을 좋아하지만 어떤 방법으로 풀든 항상 같은 답이 나왔어."

대통령은 수학법정 건립을 확정지었고, 이렇게 해서 과학공화국에는 수학과 관련된 문제를 판결하는 수학법정이 만들어졌다.

수학법정 초대 판사는 수학에 대해 많은 연구를 하고 책도 많이 쓴 수학짱 박사가 맡게 되었다. 그리고 두 명의 변호사를 선발했는데, 한 사람은 수학과를 졸업했지만 수학을 그리 잘하지 못하는 수치라는 40대 남성이었고, 다른 한 사람은 어릴 때부터 수학경시대회에서 대상을 놓치지 않은 수학 천재, 매쓰였다.

이렇게 해서 과학공화국 사람들 사이에서 벌어지는 수학과 관련된 많은 사건들이 수학법정의 판결을 통해 깨끗하게 해결될 수 있었다.

문자와 식에 관한 사건

11

스퀘어의 벽돌 개수

무너진 스퀘어를 원래 모습대로 복구할 수 있을까요?

사각 마을 입구에는 벽돌로 쌓아 만든 직육면체의 조형물이 있다. 이것은 신을 모시는 제단으로 '스퀘어'라고 불렀다. 그것은 웬만한 집 세 채 정도를 합쳐 놓은, 어마어마한 크기였다. 마을 사람들은 스퀘어 앞을 지나 갈 때면 두 손을 가지런히 모으고 고개 숙여 인사를 했다.

마을의 추장인 추카추카의 손자 뿌까뿌까는 친구들과 함께 스퀘어에서 숨바꼭질을 하고 있었다. 때마침 그 앞을 지나가던 추카추카는 그 모습을 보고 화가 머리끝까지 나 말했다.

"이 녀석들! 거기서 떨어지지 못해? 감히 성스러운 스퀘어에 올라가다니. 뿌까뿌까, 당장 내려오너라."

뿌까뿌까는 할아버지의 호통에 놀라 스퀘어에서 폴짝 뛰어내렸다.

"할아버지, 잘못했어요."

"으흠! 한 번만 더 스퀘어에서 놀면 혼날 줄 알아라! 시간이 늦었으니 어서 다들 집으로 돌아가거라."

아이들은 모두 집으로 돌아갔다. 뿌까뿌까는 이해가 안 된다는 표정으로 스퀘어를 쳐다보았다.

"근데, 저 스퀘어는 누가 만들었어요?"

"아주 오래전부터 저 자리에서 우리 사각 마을을 지켜 주셨지. 하늘이 만들어 주신 거란다. 스퀘어 앞에서 간절히 소원을 빌면 반드시 들어주신단다. 으흠! 조금 있으면 어두워지겠구나. 얼른 집에 가자."

할아버지의 손을 잡고 집으로 돌아가는 길에 뿌까뿌까는 입을 쑥 내밀고 터벅터벅 걸었다.

"뿌까뿌까야, 무슨 일 있었니?"

"할아버지, 제 얼굴은 왜 이렇게 동그랗죠? 할아버지, 아버지 얼굴도 모두 네모난데…… 친구들이 못생겼다고 놀려요. 저도 옆집에 사는 각이처럼 얼굴이 네모나면 좋겠어요."

"뿌까뿌까야, 언젠가는 동그란 얼굴이 더 인기 있을 거야. 아주 옛날에는 세모난 얼굴이 인기 있었고, 그보다 더 옛날에는 계란형 얼굴이 인기 있었단다."

"정말이에요? 계란형 얼굴이 인기였어요? 하하하, 우리 반에서 가장 인기 없고 못생긴 애가 계란형이에요. 어떻게 계란형 얼굴이 인기 있을 수가 있어요? 하하하!"

기분이 좋아진 뿌까뿌까와 추카추카는 손을 흔들며 집으로 돌아 왔다.

다음 날, 마을에서 잔치가 열렸다. 잔치의 시작을 알리는 의식을 치르기 위해 마을 사람들이 스퀘어 앞으로 모여들었다. 잠시 후 추 장이 스퀘어에 올라갔다.

"여러분, 올해도 우리 마을에서 잔치가 열릴 수 있도록 도와주신 스퀘어 신께 감사하는 마음으로 다 같이 절을 올립시다."

마을 사람들은 모두 절을 올렸다. 그리고 잔치가 시작되었다. 사 람들은 동그랗게 모여 앉아 준비한 음식들을 먹으며 웃고 떠들었다.

"자, 오늘 잔치의 하이라이트는 바로 '사각 얼짱 대회'입니다."

"와~ 와~."

사각 마을에서는 매년 잔치의 마지막 행사로 얼짱 대회를 열었 다. 이 대회에서는, 다름 아닌 얼굴형이 얼마나 각이 졌느냐에 따 라 미남 미녀와 추남 추녀가 가려졌다.

"우리 마을 얼짱은 당연히 각이 아니겠어? 각이만큼 얼굴이 네 모난 애는 아마 없을 거야!"

"그럼 추남은 뿌까뿌까겠다. 얼굴이 동그랗잖아? 하하하!"

"아니야, 얼굴이 달걀형인 꼬끼오도 추남일 거야. 호호호!"

대회에 출전한 사람들이 하나둘씩 무대 위로 올라왔다. 여덟 명의 후보들은 네모난 판에 얼굴을 집어넣었다. 각이는 어찌나 얼굴이 네모졌는지 판의 모서리가 얼굴로 꼭 찼다.

"이야! 각이는 정말 미남인걸."

마을 사람들은 모두들 각이를 향해 환호성을 질렀다. 그러나 얼굴이 계란형인 꼬끼오는 네모난 판의 모서리가 텅텅 비었다.

"에이~, 끼오는 얼굴이 너무 갸름해. 추남이야!"

결국 '사각 얼짱'은 3년 연속 각이가 차지했다. 뿌까뿌까는 부러운 시선으로 각이를 바라보며 생각했다.

'나도 얼굴이 네모나면 얼마나 좋을까? 아하! 스퀘어……'

순간 뿌까뿌까는 할아버지의 말이 떠올랐다.

'스퀘어 앞에서 간절히 소원을 빌면 반드시 들어주신단다.'

뿌까뿌까는 스퀘어로 달려갔다. 그리고 무릎을 꿇고 두 손 모아 빌었다.

'제발 제 얼굴이 각이처럼 네모난 얼굴형으로 변하게 해 주세요. 제발……'

뿌까뿌까는 다음 날도, 또 그 다음 날도 계속 스퀘어 앞에서 빌었다. 그렇게 일주일 동안 매일같이 밤마다 소원을 빌러 다녔다.

'어라? 왠지 내 턱이 점점 네모로 변하는 것 같은데. 좋았어! 앞으로 더 열심히 소원을 빌어야지. 히히.'

뿌까뿌까는 스퀘어 신에 대한 믿음이 점점 커져 갔다.

보름째 되던 날 아침, 마을에 갑작스러운 지진이 일어났다. 전날 소원을 빌고 집에 돌아와 잠이 들었던 뿌까뿌까는 집이 흔들리는 바람에 잠에서 깼다. 5분 동안 계속된 지진은 그 강도가 높아 마을 집 다섯 채가 무너졌다. 추장의 가족들은 지진이 멈추자 집 밖으로 뛰쳐나왔다. 그때였다. 마을 사람 하나가 달려와 숨을 헐떡거리며 말했다.

"헉헉! 추장님, 큰일 났습니다. 헉헉."

"이 사람아, 숨이나 고르고 이야기하게. 무슨 일인데 그리 호들갑인가?"

"그게…… 스퀘어가 무너졌습니다."

"뭐라고? 이런……."

추장을 비롯한 마을 사람들은 스퀘어로 달려갔다. 스퀘어는 무너져 있었다. 그러나 다행히 벽돌은 깨지지 않고 그대로 바닥에 널브러져 있었다. 뿌까뿌까는 울먹이며 말했다.

"할아버지, 반드시 원래대로 만들어 놔야 해요. 조금만 더 소원을 빌면…… 흑흑흑!"

"무슨 소리냐?"

"아, 아니에요."

각이가 추장에게 다가와 말했다.

"지난번에 제가 스퀘어를 유심히 살펴보았는데요, 윗면 벽돌은

45개, 옆면 벽돌은 30개, 앞면 벽돌은 54개였어요."

"그래? 그런데 어떻게 만들어야 하지?"

마을 사람들은 모두들 아무 말도 하지 못했다. 그때 똑똑이가 조용히 손을 들고 말했다.

"그럼, 우리 수학법정에 물어보는 건 어떨까요?"

"좋아요!."

"그럽시다."

추카추카 추장은 고개를 끄덕이며 말했다.

"좋소. 우리 벽돌의 개수를 적어 수학법정에 의뢰합시다."

그제야 뿌까뿌까는 눈물을 훔치며 안도의 한숨을 내쉬었다.

'가로×세로×높이' 의 공식을 이용하면
직육면체의 면적을 구할 수 있습니다.

벽돌을 어떻게 쌓아야 스퀘어가 다시 복구될 수 있을까요?
수학법정에서 알아봅시다.

재판을 시작하겠습니다. 벽돌 쌓기 게임 같은 느낌이 드는 사건이군요. 벽돌을 어떻게 쌓아야 하는지, 수치 변호사가 먼저 말씀해 보십시오.

솔직히 이건 불가능한 문제입니다. 직육면체 스퀘어의 위와 옆면, 앞면 모두를 따져서 알아내기란 쉬운 일이 아닙니다. 어느 세월에 그걸 계산하고 있겠어요. 저는 그냥 다른 모양으로 쌓는 게 시간도 적게 걸리고, 새로운 조형물이 만들어지니까 재미있을 것 같은데요. 히히!

맘대로 쌓아서 다른 스퀘어를 만들 거였으면 수학법정에 의뢰하지도 않았겠죠. 현명한 해결책 좀 제시해 보세요. 어린 뿌까뿌까가 얼마나 속상하겠어요? 안 되겠어요. 매쓰 변호사의 변론을 들어 봐야겠어요.

제가 해결해 보도록 하죠. 제가 직접 표 만들기 연구소에 찾아가서 의뢰한 결과를 말씀드리도록 하겠습니다.

수고했군요. 설명해 보세요.

각 면에 벽돌이 몇 개씩 놓이면 되는지 나열해서 찾으면 됩니다. 먼저 윗면에 45개의 벽돌이 되도록 값을 가질 수 있는 가로 세로 값의 쌍을 찾아보았습니다. '가로 × 세로' 해서 45가 나오면 되는데, 여섯 가지 경우가 있습니다.

가로	1	3	5	9	15	45
세로	45	15	9	5	3	1

그럼 옆면과 앞면도 그렇게 찾으면 되나요?

옆면은 윗면처럼 하면 되는데, 윗면과 옆면을 찾고 나면 앞면은 쉽게 찾아집니다.

옆면의 벽돌은 30개가 필요하니까 윗면과 같은 방법으로 가질 수 있는 값을 찾으면 아래 표와 같이 얻을 수 있지요. '세로× 높이' 해서 옆면의 벽돌 개수가 30개가 되는 경우는 여덟 가지입니다.

세로	1	2	3	5	6	10	15	30
높이	30	15	10	6	5	3	2	1

윗면과 옆면의 경우를 모두 찾았습니다. 앞면은 쉽게 찾을 수

있다고 했는데 어떻게 찾지요?

앞면의 벽돌은 모두 54개라고 했습니다. 윗면과 옆면의 표 중에서 가로 × 높이 값이 54가 되는 것은 가로가 9, 높이가 6인 경우입니다. 9 × 6 = 54이지요.

그렇다면 나머지 세로 값은 자동적으로 알 수 있겠군요. 어디보자…… 세로 값이 5가 되겠군요. 가로 9, 세로 5, 높이 6이면 벽돌이 모두 몇 개 필요한 거죠?

9 × 5 × 6 = 270개가 필요합니다. 스퀘어를 다시 원래대로 복구할 수 있게 되어 다행입니다. 뿌까뿌까가 다시 웃을 수 있겠군요.

그러게 말입니다, 하하하! 뿌까뿌까의 꿈도 지킬 수 있게 되었군요. 매쓰 변호사, 이 사건 해결하느라 수고 많았습니다.

사각형

네 개의 변으로 이루어진 도형을 사각형이라고 한다. 사각형에서 서로 마주 보는 변을 대변이라고 하는데, 한 쌍의 대변이 평행이면 사다리꼴이라 부르고, 두 쌍의 대변이 평행이면 평행사변형, 네 변의 길이가 같을 때는 마름모라고 한다. 또한 네 각이 모두 직각인 사각형을 직사각형이라고 하고, 네 변의 길이가 같고 네 각이 모두 직각인 사각형을 정사각형이라 부른다.

개구리가 오르락내리락

오르락내리락 하는 개구리가 10m 높이의
나무에 오르려면 며칠이 걸릴까요?

달봉이는 요즘 mp3가 너무 갖고 싶다. 그래서 매일같이 엄마에게 사 달라고 조르는 중이다.

"엄마, 한 번만 사 주세요. 공부도 열심히 하고 기봉이도 잘 볼게요. 엄마~."

"안 돼! 지난번에 사 준 것도 잃어버렸잖아! 네 잘못으로 잃어버린 거니까 다시 사 줄 수 없어. 이제 그만 조르렴. 또 사 달라고 하면 정말 혼날 줄 알아!"

엄마는 냉정하게 말하고는 주방으로 갔다. 달봉이는 울상을 지으며 소파에 앉았다. 그때 텔레비전에서는 '퀴즈 왕왕왕' 이라는 프로

그램이 방영되고 있었다.

"시청자 퀴즈입니다. 개구리가 낮에는 나무 5m를 오르고, 밤에는 4m를 내려옵니다. 그렇다면 높이 10m인 나무에 오르려면 며칠이 걸릴까요? 너무 어려운가요? 문제의 정답을 아시는 분은 오늘 밤 10시까지 인터넷 홈페이지 www.00000.co.kr 시청자 게시판에 올려 주시기 바랍니다. 정답을 맞히신 분들 중 추첨을 통해 최신형 mp3를 드리겠습니다."

달봉이는 눈이 번쩍 빛나면서 입이 귀에 걸렸다.

'저 mp3는 내가 갖고 싶어 했던…… 좋았어! mp3야, 기다려라, 흐흐흐!'

그러나 동생 기봉이가 컴퓨터 게임에 빠져 있는 바람에 컴퓨터를 사용할 수가 없었다.

"기봉아, 형 인터넷 좀 하자."

"싫어! 내가 먼저 하고 있었잖아."

"조그만 게 형한테 대들어? 저리 안 가?"

달봉이는 기봉이를 의자에서 떠밀었고, 떨어진 기봉이는 큰 소리를 내며 울기 시작했다.

"으앙~ 으앙~ 엄마!"

주방에서 떡볶이를 만들고 있던 엄마가 기봉이의 울음소리를 듣고 달봉이 방으로 달려왔다.

"달봉이 너, 하나밖에 없는 동생을 울려? 이 녀석! mp3 절대 못

사 줘! 그리고 일주일간 컴퓨터 금지야, 알겠어? 아이고, 우리 기봉이~ 누가 울렸어? 형아가 우리 기봉이 울렸구나? 엄마가 맛있는 떡볶이 해 놨으니까 먹으러 가자. 그만 뚝!"

"으앙~ 떡볶이? 뚝!"

기봉이는 떡볶이라는 말에 울음을 그치고 식탁으로 갔다. 달봉이는 입이 오리처럼 툭 튀어나왔다.

"달봉아, 너도 이리 와서 떡볶이 먹으렴."

"안 먹어! 기봉이 혼자 다 먹으라고 해, 쳇!"

달봉이는 골이 난 얼굴로 말했다.

"나, 동이네 가서 놀다 올게요."

"너무 늦게까지 놀지 말고, 일찍 오렴."

달봉이는 옆집에 사는 동이네로 갔다. 초인종을 눌러도 아무런 대답이 없었다.

'에잇! 빨리 인터넷을 해야 하는데…… 돈도 없고, 어디로 가지?'

그때 자전거를 타고 동이네 집 앞을 지나가던 두리를 만났다.

"달봉아, 동이네 집 앞에서 뭐해? 동이 오늘 가족들이랑 외할머니네 간다던데?"

"그래? 나 너희 집 가서 컴퓨터 좀 하면 안 돼?"

"그래, 가자!"

달봉이는 두리네 집에 도착하자마자 컴퓨터 앞에 앉았다. 두리 엄마가 과일과 음료수를 내주셨다.

"달봉아, 자주 놀러 오너라. 호호호!"

달봉이는 친절한 두리 엄마가 부러웠다. 엄마는 항상 동생 기봉이 편만 든다는 생각이 들었다.

"두리야, 너희 엄마 정말 좋으시다. 부러워."

"너희 엄마도 예쁘고 좋으시던데?"

"좋기는…… 기봉이만 예뻐하셔. mp3도 안 사 주시는걸."

컴퓨터를 켜고 퀴즈 프로그램 인터넷 홈페이지로 들어갔다. 이미 많은 사람들이 게시판에 정답을 올렸다.

"개구리가 낮에 5m 오르고, 밤에 4미터 오르면 하루에 1m 오르는 거네? 그럼 10m 올라가려면 당연히 10일이 걸리겠지? 아니야. 문제가 이렇게 쉬울 리가 없잖아?"

혼잣말을 하고 있는 달봉이를 가만히 지켜보던 두리는 고개를 갸우뚱거리며 말했다.

"달봉아, 뭐하는 거야? 왜 혼자 말하고 난리야?"

"너도 '퀴즈 왕왕왕'이라는 프로그램 알지?"

"당연히 알지. 근데 그게 왜?"

"거기 시청자 퀴즈를 맞히면 최신형 mp3를 준대."

"난 퀴즈 같은 거 잘 몰라. 아, 맞다! 우리 아빠가 퀴즈의 달인이신데, 아빠한테 물어볼까?"

"그래? 혹시 모르니까 아저씨한테 한 번 더 물어봐야겠다. 근데 만약에 뽑히면 mp3는 내 거야. 알았지?"

"알았어. 그래 니 거다!"

두리와 달봉이는 두리 아빠가 오실 때까지 기다렸다. 그런데 9시가 다 되어 가는데도 오시지 않았다.

"야, 너희 아빠 왜 이렇게 안 오셔? 이제 겨우 한 시간밖에 안 남았단 말이야!"

"지금 오신다고 전화 왔어. 조금만 더 기다리자."

달봉이는 초조해서 견딜 수가 없었다.

"나, 꼭 mp3 갖고 싶단 말이야. 아저씨한테 전화해서 물어보면 안 될까?"

"아, 그러면 되겠네. 왜 그 생각을 못했지? 하하!"

두리는 아빠에게 전화를 걸어 다짜고짜 물었다.

"아빠, 개구리가 낮에는 나무 5m를 오르고 밤에는 4m를 내려오는데요. 높이 10m인 나무를 오르려면 며칠이 걸릴까요?"

"뭐? 아니, 얘가 왜 뜬금없이 개구리 타령이야?"

"빨리요. 중요한 문제예요!"

"음, 5에서 4를 빼면 1이니까 10! 그래. 열흘 걸리겠구나!"

"네, 뚜우우……."

"아니, 그 녀석도 참…… 허허!"

전화를 끊은 두리와 달봉이는 다시 컴퓨터 앞으로 와 앉았다. 달봉이가 물었다.

"아저씨가 뭐라고 하셔?"

"열흘!"

"내가 그럴 줄 알았어. 하하하, mp3는 나의 것!"

달봉이는 웃으며 게시판에 글을 올렸다. 등록 버튼을 누르고 신이 나서 집으로 돌아왔다.

다음 날, '퀴즈 왕왕왕' 홈페이지에 정답자 추첨 명단이 올랐다. 그러나 아무리 찾아봐도 달봉이의 아이디는 없었다.

"어라? 내가 왜 안 뽑혔지?"

달봉이는 게시판에 다시 들어갔다. 공지사항에는 새 글이 올라와 있었다.

"어제 개구리 퀴즈의 정답은 6일입니다. 응모해 주신 분들께 모두 감사드리며, 당첨되신 분들에게는 최신형 mp3를 댁으로 발송해 드리겠습니다. 축하드립니다."

달봉이는 깜짝 놀라 공지 사항을 몇 번이나 클릭하여 읽었다.

"6일? 말도 안 돼! 내 mp3!"

공지 사항의 댓글에 달봉이와 같은 항의의 글들이 올라왔다.

> 정답은 10일이잖아요? 웬 6일? - ID : 컴맹
> 10일이 정답이다. - ID : 퀴즈쟁이
> 6일은 오답! - ID : 나잘난
> :
> :

달봉이도 댓글을 달았다. 그리고 오답을 추첨한 방송국을 수학 법정에 고소하기로 결심했다.

통계 문제를 풀 때 그래프를 이용하면
한눈에 쉽게 알아볼 수 있다는 장점이 있습니다.

퀴즈의 정답이 정말 6일째일까요?
수학법정에서 알아봅시다.

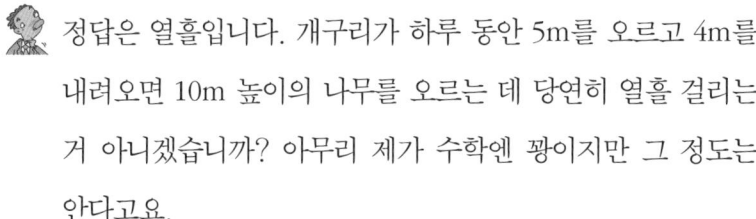 재판을 시작하겠습니다. 이번 사건은 퀴즈
를 푸는 것이군요. 퀴즈의 정답이 무엇인
지 원고 측부터 변론하세요.

정답은 열흘입니다. 개구리가 하루 동안 5m를 오르고 4m를
내려오면 10m 높이의 나무를 오르는 데 당연히 열흘 걸리는
거 아니겠습니까? 아무리 제가 수학엔 꽝이지만 그 정도는
안다고요.

수치 변호사의 말을 들으니 그럴듯한데, 정말 그렇게 쉬운 문
제였을까요? 만일 수치 변호사의 말이 맞는다면 퀴즈 프로그
램에서 이렇게 쉬운 문제의 답을 6으로 틀리게 한 이유는 무
엇인지 생각해 보셨나요?

그게, 글쎄요…… 홈페이지에 답을 올리는 사람이 잠깐 다른
생각을 하다가 실수로 6이라고 올린 것 아닐까요?

글쎄요, 원고 측 변론이 쉽게 납득이 가지 않는군요. 원고 측
변호사, 일단 앉으시고 피고 측 변론하세요.

원고는 퀴즈를 풀 때 한 가지 생각만 하느라 다른 것을 놓치
고 말았군요. 단순하게 생각하면 열흘이 답이라고 생각할 수

있지만 정답은 6일이 맞습니다.

이 문제를 풀어 줄, 2년째 '퀴즈의 달인' 으로 이름이 알려진 나만세 씨께서 자리해 주셨습니다. 증인을 앞으로 모셔서 말씀드려도 될까요?

 허락하겠습니다. 증인은 앞으로 나오세요.

머리가 거의 벗겨지고 눈이 양옆으로 쭉 찢어진 나만  세 씨가 천천히 증인석으로 걸어 나왔다.

 2년 연속 퀴즈의 달인이 되셨는데, 비결이 있으면 재판 끝나고 저에게도 한수 가르쳐 주시지요. 하하하!

그럼, 진정하고 변론을 시작하겠습니다. 정답이 10일이 아니고 6일이 맞습니까?

 정답부터 말하자면 원고에게는 안타까운 일이지만 6일이 맞습니다.

 그렇습니까? 일반적으로 10일이라고 생각하기 쉬운데 어떻게 6일이 되는 거죠?

퀴즈를 풀 때 미처 생각하지 못한 게 있습니다. 날짜가 지날 때마다 1m씩 올라가는 건 맞지만, 우리가 원하는 답은 10m 지점에 도달하는 날짜이기 때문에 4m 내려오는 것까지 생각할 필요는 없다는 거죠. 즉, 첫날은 5m까지 올라가고 둘째 날

은 6m까지 올라가는 식으로 세어 보면 개구리는 6일째 되는
날 낮에 10m에 도달하게 됩니다.

그것을 그래프로 그리면 아래와 같습니다.

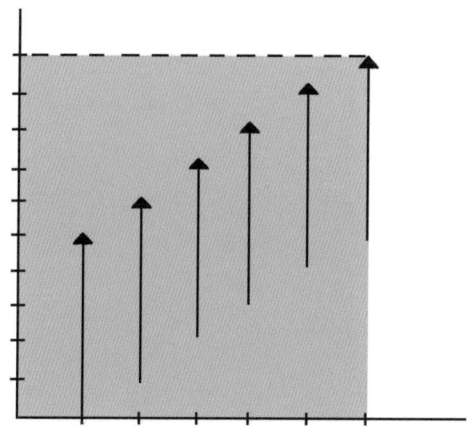

재미있네요. 개구리가 내려오는 것까지 모두 계산하면 열흘
이 나오지만, 꼭 내려와야 하는 법은 없으니 10m에 도달할
때까지는 6일이 걸리는군요. 원고는 아쉽지만 다음 기회에
다시 도전해야겠습니다.

증인의 깨끗한 설명으로 결론이 빨리 난 것 같습니다. 정답에
불만을 가졌던 원고와 퀴즈 도전자들이 자신의 답이 오답이
었음을 충분히 인정할 것 같습니다. 많은 사람늘이 퀴즈 프로
그램을 즐겨 본다는 것을 오늘 알았습니다. 앞으로 알차고 좋

사칙연산

사칙연산이란 덧셈, 뺄셈, 곱셈, 나눗셈 이렇게 네 가지의 연산을 말한다. 이런 연산들이 섞여 있을 때는 다음과 같은 순서로 계산한다.

① 괄호 안을 먼저 계산한다.
② 곱셈과 나눗셈을 먼저 계산한다.
③ 덧셈과 뺄셈을 계산한다.

은 프로그램이 많이 나왔으면 좋겠습니다.

재판이 끝난 후 달봉이는 수학 문제를 풀 때 좀 더 깊이 생각하는 버릇이 생겼다. 그리고 얼마 후 그는 인터넷 수학 퀴즈 제왕전에서 우승을 했다.

자동차 판매 대결

어떻게 하면 자동차 4대와 7대를 판 사원 수를 알 수 있을까요?

SBC자동차 회사에서는 매달 판매 왕을 선발하여 푸짐한 선물을 준다. 이번 달에는 회사 창립 10주년을 기념하여 5등까지 상을 주기로 결정했다.

"김 대리, 얘기 들었어? 이번 달 판매 왕은 5등까지 뽑는다고 하던데! 자네 7대 팔지 않았나?"

2대8 가르마에 두껍고 까만 뿔테 안경을 쓴 김 대리가 대답했다.

"7대 팔았지. 하하하!"

사내에서 떠버리로 소문난 조 대리가 말했다.

"그럼, 잘하면 자네도 상을 받을 수 있겠네? 에이, 나는 3대밖에 못 팔아서 이번 달 판매왕은 포기야."

"으흠, 판매 왕이 뭐가 그리 중요한가. 허허허!"

"중요하지! 이번에는 상품이 어마어마하다는 소문이 있어. 유럽 여행권이랑 휴가도 열흘 준다던데? 물론 보너스도 있고. 확실하지는 않지만 말이야. 하하하, 굉장하지?"

"떠버리 자네, 그런 소문은 도대체 어디서 듣는 거야? 허허, 확실하지 않으면 입조심하게."

김 대리는 사실, 겉으로는 무덤덤한 척했지만 속으로는 떨 듯이 기뻤다.

'우아, 드디어 내가 판매 왕이 되는구나!'

화장실에 들어간 김 대리는 아무도 없자 너무 좋은 나머지 덩실덩실 춤을 추었다. 그때 왕 이사가 들어왔다. 김 대리는 화들짝 놀라서 화장실 칸막이 안으로 숨었다. 숨도 쉬지 못할 정도로 입을 막고 변기에 앉았다. 뒤이어 누군가의 발소리가 들려왔다.

"왕 이사님!"

볼일을 보고 있던 왕 이사가 깜짝 놀라 황급히 바지를 추슬렀다.

"이봐, 무슨 일이야? 화장실에서 예의 없이. 으흠!"

"워낙 급한 일이라서…… 죄송합니다."

"아무튼 말해 보게."

박 비서는 주위를 둘러보고 아무도 없는 것을 확인한 뒤 조심스럽게 말을 꺼냈다.

"그게…… 이번 자동차 판매 왕 관련 서류가 훼손되었습니다."

"뭐? 그게 무슨 소리야? 5명까지 시상하기로 했는데 그 명단도 확보하지 못했단 말이야? 훼손 정도가 심각한가?"

"네, 좀 심각합니다. 여기 있습니다."

박 비서가 꼬깃꼬깃 구겨진 종이 한 장을 내밀었다.

"아니, 어쩌다가 이 지경이 됐나?"

"다른 서류랑 바뀌는 바람에 쓰레기통에 버려져 제가 쓰레기장까지 가서 겨우 찾아 온 것입니다."

"아주 잘했구먼. 으이구! 어디 보세."

서류는 다음과 같았다.

계약 대수	사원 수
0	1
1	3
2	2
3	4
4	
5	5
6	6
7	4
8	
9	2
10	1
평균 계약 대수 4.8대	총 사원 수 40명

"이런! 두 칸이나 물에 젖어 번졌군."

"네. 드라이어로 말려 봤지만 여전히 그 부분은 보이지가 않습니다. 특히 8대를 판 사원의 수가 중요한데, 하필 그 부분이……."

"이걸 어쩐담?"

변기에 조용히 앉아 있던 김 대리는 그 순간 재채기가 나오는 것을 참을 수가 없었다.

"에이취!"

깜짝 놀란 왕 이사와 박 비서는 눈이 휘둥그레져서 소리가 난 화장실 칸을 바라보았다. 김 대리는 얼굴이 벌겋게 달아올랐다. 만약 달걀을 김 대리 얼굴 위에 깬다면 먹기 좋게 익을 것만 같았다.

'어떡하지? 나가야 하나?'

왕 이사는 안경을 고쳐 쓰고 한숨을 쉬며 말했다.

"거기, 누구 있나?"

김 대리는 문을 빠끔히 열고 고개를 숙인 채 걸어 나왔다.

"네, 이사님. 안…… 녕하세요?"

"자네, 우리 얘기 엿들은 건가?"

"아, 아, 아닙니다."

"그럼 못 들은 걸로 하게. 알았나?"

"네!"

김 대리는 황급히 화장실을 빠져나왔다. 그리고 영업부 사무실로 들어가 '떠버리 조'라 불리는 조 대리에게 화장실에서 일어났던 일을 말했다. 조 대리는 재미있는 일이라도 생겼다는 듯이 신이 나서 이리저리 다니며 소문을 내기 시작했다. 불과 한 시간도 안 되서 서류가 훼손되었다는 사실이 회사 안에 쫙 퍼졌다. 이를 알게 된 판매 사원들은 다같이 이사실로 찾아갔다.

"이사님, 이게 어떻게 된 일입니까?"

왕 이사는 진땀을 빼며 어쩔 줄을 몰라 했다.

"저…… 그게 아직, 8대 판 사원의 수를 알 수가 없어서…… 기다려들 보게, 곧 알아내겠지. 그래, 우선은 판매 사원들을 모두 대회의실로 모이게 해야겠어."

판매 사원 40명은 우르르 대회의실로 몰려갔다. 누구보다도, 7대를 판 사원들은 흥분을 가라앉히지 못하고 있었다. 왕 이사는 회의장 자리에 앉아 마이크를 켰다.

"자, 다들 진정하십시오. 솔직히 다 말씀드리겠습니다. 현재 서류가 훼손되었다는 것은 사실입니다. 하지만 그렇다고 해서 판매왕을 안 뽑는다는 것도 아닌데, 왜들 이렇게 흥분을 하십니까?"

김 대리는 손을 번쩍 들었다.

"이사님, 8대를 판 사원의 수를 모른다면 저희처럼 7대를 판 사람들은 어떡합니까?"

왕 이사는 김 대리를 힐끗 쳐다보았다.

'아니, 저 녀석은! 화장실에서 우리 얘기를 몰래 엿들은 놈 아니야? 에잇! 저것이 소문을 냈구먼.'

왕 이사는 마이크를 다시 켜고 말했다.

"음, 우리 회사는 이번 달 평균 4.8대의 자동차를 팔았습니다. 그럼, 여기서 차 8대를 판 사원들은 양심적으로 손을 들어 보세요."

순간 회의장은 침묵에 빠졌다. 사원들은 서로 눈치를 보다가 너도나도 손을 들었다.

"저요, 저요!"

"쳇! 지금 양심이 중요한가? 판매 왕이 중요하지?"

떠버리 조 대리도 덩달아 손을 들었다. 거의 9대, 10대를 판 사원을 제외하고는 서로 8대를 팔았다고 난리였다. 회의장은 아수라장이 되었다.

왕 이사는 고개를 절레절레 흔들며 말했다.

"안 되겠구먼. 서로 판매 왕이 되려고 거짓말을 하다니…… 어떻게 해야 할지 대책이 안 서네."

그때였다. 박 비서가 왕 이사에게 다가가 말했다.

"왕 이사님, 자동차 판매 대수가 평균 4.8대이고, 우리 전체 사원 수는 40명입니다. 그렇다면 여기 지워진 두 부분의 합은 12명이 됩니다. 이 훼손된 서류를 수학법정에 맡겨 보는 것이 좋지 않을까요?"

박 비서의 말을 들은 왕 이사는 골똘히 생각하다가 고개를 끄덕였다.

"좋아! 자네 오랜만에 쓸모 있는 말을 하는군. 자, 사원 여러분!

이 문제를 여러분들의 양심에 맡기려고 했으나, 실망스럽게도 그 방법으로는 해결이 되지 않을 듯싶군요. 그래서 부득이 회사 측에서는 이 문제를 수학법정에 맡길 생각이니, 판매 왕 시상은 며칠 뒤로 미루도록 하지요. 이상 긴급 회의를 마치겠습니다."

왕 이사는 자리에서 일어나 김 대리를 다시 한 번 쳐다보고는 회의장을 나섰다. 떠버리 조 대리는 호들갑을 떨며 말했다.

"아깝다! 잘하면 내가 판매 왕이 될 수 있었는데."

김 대리는 조 대리의 어깨를 툭 치며 말했다.

"떠버리 조, 자네가 8대나 파셨나? 아이고, 이 양심에 털 난 사람아!"

판매 사원들은 모두 수군거리며 회의장을 빠져나갔다. 그리고 왕 이사는 수학법정에 서류를 팩스로 보냈다. 얼마 뒤 수학법정에서 SBC자동차 회사 앞으로 메일을 보내왔다.

귀사에서 자동차 판매 왕을 뽑는데 문제가 생겼다는 팩스를 받았습니다. 저희 수학법정에서 문제를 해결해서 보냅니다. 법정에서의 변론 내용을 그대로 보내니, 잘 읽어 보면 충분히 문제가 해결될 것입니다.

통계 숫자의 내용을 그림이나 표로 나타내면
문제를 이해하거나 풀기가 훨씬 쉽습니다.

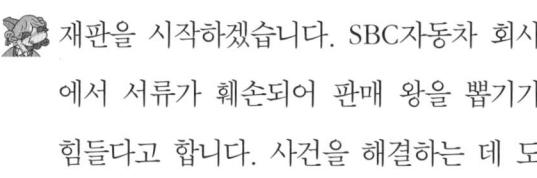

자동차 7대를 판매한 사람은 자동차 판매왕이
될 수 있을까요?
수학법정에서 알아봅시다.

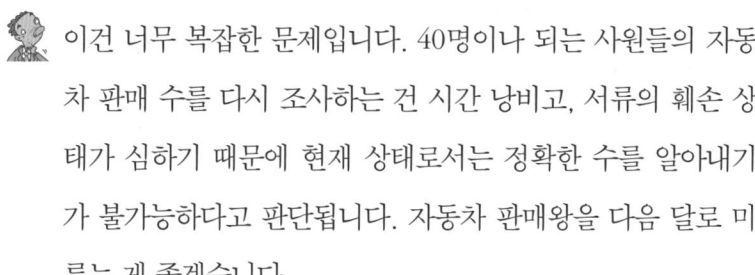

재판을 시작하겠습니다. SBC자동차 회사
에서 서류가 훼손되어 판매 왕을 뽑기가
힘들다고 합니다. 사건을 해결하는 데 도
움이 될 수 있는 몇 가지 단서를 보내왔으니 두 분 변호사님
께서 이번 사건에 대한 해결책을 제시해 주셨으면 합니다. 먼
저 수치 변호사가 좋은 방법이 있으면 말해 보도록 하세요.

이건 너무 복잡한 문제입니다. 40명이나 되는 사원들의 자동
차 판매 수를 다시 조사하는 건 시간 낭비고, 서류의 훼손 상
태가 심하기 때문에 현재 상태로서는 정확한 수를 알아내기
가 불가능하다고 판단됩니다. 자동차 판매왕을 다음 달로 미
루는 게 좋겠습니다.

어이쿠! 내가 무슨 말을 못해. 다음 달로 미룰 것 같았으면 수
학법정에 의뢰했겠어요? 이번 달에 꼭 해야 하니까 팩스를
보내왔겠지요. 수치 변호사에게서 해결책을 얻는 게 더 이상
하지요. 매쓰 변호사, 변호사에게서 해결책을 들을 수 있으면
좋겠군요.

복잡한 문제라고 생각되지만, 두세 가지 단서를 종합해 보면

풀릴 수 있을 것 같습니다.

 그래요? 기대됩니다. 어서 말해 보세요.

 훼손된 서류를 다시 한 번 볼까요? 회사에서 보내 온 단서를 정리해 보면 전체 사원 수는 40명이고, 사원의 평균 자동차 판매 대수는 4.8대라고 했습니다.

계약 대수	사원 수
0	1
1	3
2	2
3	4
4	
5	5
6	6
7	4
8	
9	2
10	1
평균 계약 대수 4.8대	총 사원 수 40명

이 표에는 4대와 8대를 판 사원 수가 빠져 있습니다. 이 수를 합하면 28명입니다. 전체 40명에서 28명을 빼면 4대와 8대를 판매한 사원이 모두 12명이라는 것을 알 수 있습니다.

 그렇군요. 그러면 이 12명 중에서 4대와 8대를 판 사원은 각

각 몇 명씩인지 어떻게 알 수 있습니까?

 그게 가장 큰 문제입니다. 차근차근 풀어 보도록 하겠습니다.

40명 되는 전체 사원이 판매한 평균 자동차 수는 4.8대이므로, 전체 판매 자동차는 $4.8 \times 40 = 192$대입니다. 지워진 4대와 8대를 제외한 자동차 판매 수는, 표 위에서부터 더해 보면, $1 \times 3 + 2 \times 2 + 3 \times 4 + 5 \times 5 + 6 \times 6 + 7 \times 4 + 9 \times 2 + 10 \times 1 = 136$대입니다.

$192 - 136 = 56$대의 자동차는 합하지 않은 12명의 사람들이 판매한 자동차가 되는 거죠.

지금까지 계산한 것을 한눈에 보고 알 수 있도록 표를 만들었습니다.

사원 수	8대	0	1	2	3	4	5	...
	4대	12	11	10	9	8	7	...
계약 대수		48	52	56	60	64	68	

 보기 좋군요. 어라? 왜 5까지만 기록되어 있습니까?

 4대와 8대를 판매한 사원 수를 합해서 12명을 맞춘 모든 경우를 기록하면 되는데, 보시다시피 총 계약 대수가 56대인 경우는 8대가 2명이고, 4대가 10명인 경우입니다. 그리고 8대를 판매한 사람이 커질수록 자동차 계약 수는 커집니다. 이는 더 이상 필요하지 않는 값이기 때문에 필요한 부분만 기록하

였습니다.

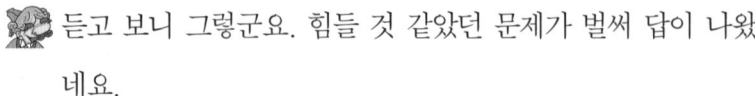

들고 보니 그렇군요. 힘들 것 같았던 문제가 벌써 답이 나왔네요.

그렇습니다. 8대를 판매한 사람은 모두 2명이지요. 그러므로 7대를 판매한 사람은 5명을 뽑는 자동차 판매 왕에 들지 못해 상을 받지 못합니다.

문제가 속 시원히 해결된 것 같군요. 다 매쓰 변호사 덕분입니다. 수학법정의 인기가 나날이 올라가겠는걸요. 매쓰 변호사가 변론한 결과를 SBC자동차 회사에 팩스로 보내십시오.

 어떤 시험 문제가 20문항이었다. 한 문제를 맞히면 4점을 받고 틀리면 1점 감점이 된다. 꼬미가 60점을 받았다면 꼬미가 맞힌 문제는 모두 몇 문제인가?

●다음과 같이 맞힌 문제와 틀린 문제를 나열하고 각각의 경우 점수를 구해 보면 된다.

맞힌 문제	20	19	18	17	16	15	...
틀린 문제	0	1	2	3	4	5	...
점수	80	75	70	65	60	55	...

➡그러므로 점수가 60점인 꼬미는 16문제를 맞혔다.

마라톤 대회의 7번 번호표

왕 사장이 행운의 황금 7을 20개 제작한 것이 과연 옳을까요?

행운 마을 입구에 '제7회 달려라 허니 마라톤 대
회'라는 현수막이 걸렸다. 매년 열리는 마라톤 대
회지만 올해는 조금 특별해 보였다. 마을회관에서
는 이번 대회를 위한 회의가 열리고 있었다.

"아, 아, 안녕하십니까? 마을 이장입니다. 이 자리에 참석해 주
신 주민 여러분께 감사의 말씀을 드립니다. 음, 오늘 우리가 왜 모
였느냐? 바로 한 달 뒤에 열리는 달려라 허니 마라톤 대회를 위해
서 지금 이 자리에 모인 것입니다."

"이장님~ 말 좀 빨리 해유~ 일하다가 왔시유~."

"음…… 김씨, 알았네. 매년 열리는 마라톤 대회지만 이번 7회를 기념하여 뭔가 특별한 것을 준비해야 하지 않겠습니까?"

마을 주민들은 웅성거리기 시작했다. 그중에서 가장 똑똑하기로 소문난 나수석 씨가 손을 번쩍 들었다.

"이장님, 저에게 좋은 생각이 있습니다."

"우리 똑똑한 수석이, 말해 보게!"

"7주년을 기념하여 7등 하는 사람에게 금메달을 주는 겁니다. 하하하, 어떻습니까?"

"엥?"

맨 뒤에 앉아 있던 장씨가 말했다.

"아니, 마라톤의 꽃은 1등 아닌가? 그럼 누가 1등 하려고 달리겠나? 똑똑이가 왜 그런 말을 한다냐?"

나수석 씨는 조금 민망했는지 얼굴이 금세 붉어졌다. 그리고는 다시 손을 들고 말했다.

"아! 그렇죠? 그냥 농담 한 번 해 본 거예요. 하하하! 진짜 의견은 이제 말하려고요. 하하하!"

나수석 씨는 식은땀을 흘리며 과장되게 말했다.

"그렇지? 우리 똑똑이가 농담 한 번 한 거 가지고 예민하게 굴기는. 수석이, 어서 말해 보게."

"네. 7주년을 기념하는 대회니까 번호표에 숫자 7이 들어 있는 사람에게는 행운상으로 황금의 7자를 주는 거예요. 참가 번호는 추첨으로 나눠 주는 거니까 공정하지요. 그럼 7주년의 의미가 확 살아나지 않을까요?"

"음⋯⋯."

마을 사람들은 모두들 고개를 끄덕였다. 가운데 앉아 있던 슈퍼마켓 아줌마가 손을 들었다.

"좋은 생각이야. 행운의 황금 7자라⋯⋯."

"찬성!"

"나도 찬성!"

모두들 찬성하는 분위기였다. 이장은 다시 마이크를 잡았다.

"자, 그럼 다시 한 번 다수결로 결정합시다. 7이 들어간 번호를 가진 참가 선수에게 황금으로 된 7자를 주자는 의견에 찬성하시는 분 손들어 주십시오."

한 사람도 빠짐없이 손을 들었다.

"좋습니다. 그럼 이번 7주년 기념 이벤트는 행운상으로 결정합시다. 이상입니다. 모두들 각자 하던 일을 마저 합시다. 해산!"

사람들이 뿔뿔이 흩어지자 마을 총무 장씨가 다가왔다.

"이장님, 그럼 황금으로 된 7자를 만드는 업자는 제가 알아보도록 하겠습니다."

"그렇게 하게. 대회에 차질만 없으면 되니까. 금박은 좀 비싸더라도 좋은 걸로 입히라고 해. 알았지?"

"네, 알겠습니다."

장씨는 평소에 잘 알던 왕 사장을 찾아갔다. 사무실 문을 열고 들어섰다.

"이봐, 왕 사장!"

"아니, 형님이 웬일이십니까?"

작은 키에 풍만한 체형의 왕 사장이 일어나 장씨를 반겼다.

"이번에 우리 마을에서 달려라 허니 마라톤 대회 열리는 거 알지?"

"그럼요, 알다마다요."

"대회가 올해로 7회째라 7주년 기념으로 특별 이벤트를 마련하기로 했거든. 7이 들어간 번호표를 가진 사람에게 행운의 황금 7자를 주기로!"

"그럼 저희 공장에서 해 드려야죠."

"그런데 금박 입힌 7자가 몇 개 필요하지?"

"잠깐만요. 계산을 좀 해 봐야겠네요."

장씨는 소파에 앉아 다리를 꼬았다. 왕 사장은 종이에 뭔가 계산을 하는 듯했다.

"음, 20개가 필요하겠네요. 1부터 100까지 7이 20번 들어가니까요. 하하하!"

"계산이 참 빠르구먼. 자넨 천재야!"

"이 정도는 기본이지요. 하하하!"

"20개면 가격이 얼마 정도나 하지?"

"싼 금박을 입히면 하나에 만 원이고, 좋은 금박을 입히면 3만

원입니다. 어떤 것으로 해 드릴까요?"

"음, 제일 좋은 것으로 해 주게. 20개라면 60만 원이군."

"네. 하하하!"

"지금 바로 결재하도록 하지."

장씨는 장부에서 수표를 여섯 장 꺼내 왕 사장에게 주었다. 왕 사장은 영수증에 '금박 번호표 20개 = 60만 원'이라고 쓰고 사인을 하여 장씨에게 건네주었다.

"아무튼 대회에 차질 없도록 대회 전날 가져다주게."

"알겠습니다, 형님. 대회 전날 제가 직접 가지고 가겠습니다."

그렇게 시간이 흘러 드디어 대회 전날이 되었다. 대회를 하루 앞둔 행운 마을은 분주해 보였다.

"이봐, 장씨. 행운의 황금 7자는 언제 오는 거야?"

"조금 있으면 올 겁니다."

"빨리 좀 오라고 해. 황금 7자가 어떻게 생겼나 궁금해 죽겠구먼. 허허허!"

장씨는 손목시계를 보았다. 오후 3시. 왕 사장에게 전화를 걸었다.

"왕 사장, 나야, 장씨. 하하하!"

"네, 형님. 안 그래도 지금 출발하려고 합니다."

"어서 오게. 우리 이장 성격 급한 거 알지? 오전부터 황금 7자를 보겠다고 난리도 아니야."

"네, 총알같이 날아가겠습니다. 이따 뵙죠."

한 시간 정도 지나자 왕 사장이 도착했다.

"형님, 여기 있습니다. 전 또 배달이 있어서 먼저 가 보겠습니다."

"수고했네. 내일 보세."

장씨는 황금 7자가 든 상자를 받아 들고는 이장 집으로 향했다. 이장은 황금 7자가 들어 있는 상자를 조심스럽게 열었다. 황금 7자들이 금빛을 발하고 있었다.

"아이고, 눈부셔라~."

이장은 너스레를 떨며 황금 7자를 하나 들어올렸다.

"아주 잘 만들었네! 비싼 거라 그런지 빛이 번쩍거리는구먼. 하하!"

장씨는 뿌듯한 표정으로 황금 7자를 만지작거리며 말했다.

"제가 왕 사장이랑 친분이 있어서 그런지 더 잘 만들어 준 것 같습니다. 하하하!"

"장씨, 수고했네."

다음 날, 마라톤 대회가 시작되었다. 모든 참가자들이 7이 들어 있는 참가 번호를 받기 위해 숨을 죽였고, 드디어 1번부터 100번까지 추첨에 들어갔다. 마지막 100번 참가자를 호명한 이장은 상자 안에 황금 7자가 하나 더 들어 있는 것을 보고 어리둥절했다.

"어떻게 된 거지?"

이장이 옆에 있던 총무 장씨에게 물었다.

"이장님, 무슨 문제라도 있습니까?"

장씨는 이장의 눈치를 보며 되물었다.

"이상하네. 황금 7자가 하나 남아. 분명히 번호표에 7이 들어간 선수에게 모두 황금 7자를 나눠 줬는데."

"19개가 필요했던 건 아닐까요?"

"그럼 왕 사장이 우릴 속였단 말이야? 이런, 괘씸한 사람 같으니라고."

이장은 화가 나서 왕 사장에게 전화를 걸었다.

"이봐, 왕 사장! 어떻게 된 거야?"

"네? 다짜고짜 그게 무슨 말씀이세요?"

"자네가 분명 20개라고 하지 않았나? 그래서 60만 원을 줬고!"

"네."

"그런데 나눠 주고 보니 한 개가 남잖아? 애초에 19개만 제작하면 될 걸, 왜 20개를 제작하라고 한 거야?"

"20개가 맞아요. 다시 한 번 확인해 보세요. 제가 지금 바빠서 이만 전화 끊겠습니다."

"와, 왕 사장!"

"뚜우우우……."

이장은 7이 들어 있는 번호를 받은 참가자 중에서 황금 7자를 안 받은 사람이 있는지 확인했지만 받지 않은 참가자는 없었다. 화가 난 이장은 결국 왕 사장 사무실로 달려갔다.

"이 사기꾼 같으니! 19개면 되는 걸 20개를 만들어 팔아먹어? 당신 수학법정에 고소하겠어! 알았어?"

왕 사장이 20개의 황금 7자리를 만든 이유는
숫자 77에 7이 2번 중복해 들어갔기 때문입니다.

1부터 100까지 숫자 중에 7이 들어 있는
수는 모두 몇 개일까요?
수학법정에서 알아봅시다.

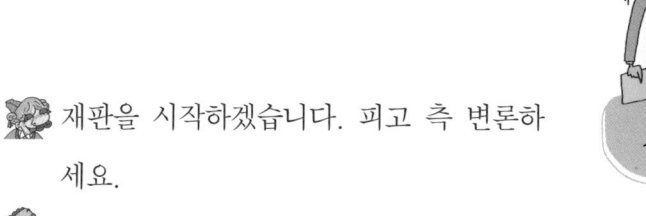

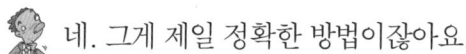 재판을 시작하겠습니다. 피고 측 변론하

세요.

1부터 100까지, 7이 20번 들어가는 게 맞습

니다. 1, 2, 3, 4, 5, 6, 7, 하나 나왔죠? 8, 9, 10, 11, 12⋯⋯.

수치 변호사 지금 뭐하는 거예요? 지금 숫자를 100까지 세려

고 하는 겁니까?

네. 그게 제일 정확한 방법이잖아요.

아이고, 머리야. 역시 못 말려⋯⋯ 관둡시다. 100이 아니라

1000이었다면 어떻게 하려고 그래요? 일단 앉아 계세요. 원

고 측 변론을 들어 보도록 합시다.

피고 측 변호사의 방법이 틀린 건 아닙니다만, 너무 무식한

방법입니다.

윽! 나더러 무식하다고 했어요? 나도 당신보다 잘하는 거 많

아요.

피고 측 변호사, 원고 측 변호사의 말이 아직 안 끝났습니다.

끝나고 말하세요.

됐습니다. 이미 마음 상했다고요. 원고 측 변호사 계속 변론

하세요.

수치 변호사 삐치지 마세요. 아무튼 계속하겠습니다. 먼저 일의 자리에 7이 들어가는 숫자는 7, 17, 27······ 97까지 10개입니다. 그리고 십의 자리에 7이 들어가는 숫자는 70, 71, 72······ 79까지 10개입니다.

엥? 그럼 두 값 모두 10개씩이니까 20개가 맞지 않습니까?

아닙니다. 여기서 하나 생각하지 못하고 넘어간 게 있습니다. 숫자 77은 일의 자리에 7이 들어가는 숫자를 셀 때와, 십의 자리에 7이 들어가는 숫자를 셀 때 모두 포함됐기 때문에 중복해서 센 거죠.

아, 그렇군요. 그럼 77은 두 번 세었으니 한 번은 빼 주어야겠군요.

그렇습니다. 그러니까 77번 번호를 받은 참가자가 한 개의 황금 7자를 받았으므로, 한 개의 황금 7자가 남게 된 거죠. 따라서 한 개는 왕 사장이 반품을 받아야 한다고 생각합니다.

매쓰 변호사는 수학을 참 잘하는군요. 아니, 이건 지혜도 겸비한 듯한 판결인데요. 늘 맘에 든단 말이야~ 수고했어요. 하지만 이런 판결은 어떨까요? 예를 들어 71번을 받은 사람과 77번을 받은 사람을 놓고 보면, 77번을 받은 사람은 71번을 받은 사람보다 7이 하나 더 있으니까 7주년 행사를 두 번 기념한다고 볼 수 있잖아요? 그러니 77번을 받은 선수에게

황금 7자를 두 개 주는 게 옳다는 생각이
드는군요.

그럼, 판결합니다. 아무튼 이번 계약에서
왕 사장과 이장 모두에게 정확한 계약을
하지 못한 책임이 있으므로 남은 황금 7자
는 원가만 왕 사장이 받는 것으로 하고,
77번 선수에게 한 개 더 주는 걸로 결정하
겠습니다.

재판이 끝난 후, 77번 유니폼은 행복 마을에
서 유명한 유니폼이 되었다.

4 네 개와 +, −, ×, ÷를 사용하여 0부터 10까지의 수 만들기

$44-44 = 0$

$44 \div 44 = 1$

$(4+4+4) \div 4 = 3$

$4+(4-4) \div 4 = 4$

$(4 \times 4+4) \div 4 = 5$

$(4+4) \div 4 + 4 = 6$

$44 \div 4-4 = 7$

$4+4+4-4 = 8$

$4+4+4 \div 4 = 9$

$(44-4) \div 4 = 10$

16채의 펜션과 도로

찰스 김이 진행한 펜션 공사에 수학적인 오류는 없는 걸까요?

땅 부자로 명성이 높은 박복녀 씨는 오늘도 값비싼 모피 코트를 두르고, 고급 외제차를 몰아 자신의 땅을 돌아보고 있었다.

따르릉.

복녀 씨는 운전을 멈추고 전화를 받았다.

"여보세용~."

그녀는 특유의 콧소리를 내며 말했다.

"사모님, 대박 부동산 정 대리입니다."

"정 대리가 무슨 일이야?"

"큰일 났습니다. 사모님께서 양평에 소유하고 계신 땅 주변이 전부 그린벨트로 묶여 버렸습니다."

"뭐라고? 어머, 혈압이야! 거기 딱 기다리고 있어. 지금 바로 갈 테니까!"

박복녀 씨는 흥분한 마음에 과속까지 해 가며 대박 부동산으로 향했다.

"사모님, 하지만 운이 아주 없는 것만은 아닙니다."

"무슨 소리야? 내 땅이 갇힌 거나 다름없는데…… 운이 없는 게 아니라니!"

"그 땅에다가 펜션을 짓는 겁니다. 휴양지라 잘만 하면 더 큰 대박이 날 겁니다."

"음…… 그래?"

박복녀 씨는 이런저런 생각에 잠겼다.

'펜션? 뭐, 나쁘지는 않네. 아니, 꽤 괜찮은걸? 호호호~.'

"좋아! 일단 공사 맡길 업체를 찾아봐. 어서!"

"네, 알겠습니다."

며칠 뒤, 박복녀 씨는 다시 대박 부동산을 찾았다. 건축업자와 정 대리가 그녀를 기다리고 있었다.

"안녕하십니까? 빌드 건설의 찰스 김입니다."

"안녕하세요? 아무튼 나는 최대한 그 땅에 여러 채의 펜션을 지었으면 해요."

정 대리가 웃으면서 말했다.

"사모님, 걱정 마십시오. 찰스 김은 이 분야에서 최고의 베테랑입니다."

"베테랑이고 뭐고, 내가 알 바 아니고. 난 집을 많이 지어서 이익만 많이 얻으면 되니까!"

찰스 김은 준비한 도면을 펼쳤다.

"사모님, 현재 땅의 크기가 가로 534.4m, 세로 20m입니다. 저희가 계획한 것을 보시면, 일단 펜션인 점을 고려해 집과 집 사이에 도로가 있어야 할 것 같습니다. 집의 크기는 모두 같게 하여 16채의 집을 짓는 것이 좋을 듯합니다. 그리고 집의 폭은 30m로 하고요. 그럼 도로가 16개 필요하겠죠."

팔짱을 끼고, 다리를 꼰 채 앉아 있던 박복녀 씨는 설명을 듣는 둥 마는 둥 하며 귀를 후비고 있었다.

"그건 뭐 알아서 하고! 공사가 다 끝나면 다시 보도록 해요. 난 바빠서 이만 갈게."

"앗! 저기……."

찰스가 말을 하려는데, 박복녀 씨는 자신이 할 말만 하고 자리에서 일어나 밖으로 나갔다.

"아니, 정 대리, 뭐 저런 여자가 다 있어?"

"찰스가 이해해. 원래 좀 저런 여자야. 공사나 잘해 주라고. 만일 공사에 조금이라도 문제가 생기면 난리 칠 여자니까!"

"알았어."

그렇게 몇 달이 지났다. 박복녀 씨는 공사가 끝났다는 정 대리의 전화를 받고 양평으로 갔다. 예쁜 펜션들이 줄을 지어 서 있었다.

"어머나, 아름답군요! 수고했어요. 어디 보자, 하나, 둘, 셋……."

박복녀 씨는 잘 지어진 집들을 손가락으로 가리키며 세기 시작했다. 그때였다. 찰스가 급히 달려와 말했다.

"사모님, 저번에 말씀드리려고 했는데 급하게 가시는 바람에 말씀을 못 드렸습니다. 큰 문제는 아니지만 집과 집 사이에 도로를 놓다 보니 마지막 집의 폭이 30m가 조금 안 됩니다."

집을 세고 있던 박복녀 씨는 찰스의 말에 얼굴이 붉게 상기되어 말했다.

"뭐라고요? 이제 와서 딴 소리를 하다니. 분명히 그때는 16채의 집이 모두 같은 크기로 만들어진다고 했잖아요?"

정 대리는 흥분한 박복녀 씨의 앞을 가로 막고 말했다.

"사모님, 큰 차이는 없습니다. 더군다나 펜션이라 별 문제 없을 겁니다."

"이봐, 정 대리! 지금 무슨 소리를 하는 거야? 이건 보통 문제가 아니야. 처음 계약과 다른 결과가 나왔잖아!"

"사모님, 저를 봐서라도 그냥 좋게 넘어가시죠?"

"뭐? 내가 왜 정 대리를 보고 참아야 하는 거지? 뭐, 우리 둘이 사귀는 사이라도 되는 거야? 쳇! 나는 절대 그냥 넘어갈 수 없어.

이건 사기야! 계약 위반이라고!"

찰스는 더 이상 박복녀 씨의 태도를 참을 수가 없었다.

"이봐요! 처음 계약하던 날도 당신은 내 말을 건성으로 들었어요. 도로에 대해 이야기를 하려고 했을 때는 당신이 그냥 가 버리는 바람에 말도 못했고. 그 뒤로도 몇 번 전화를 했는데 바쁘다는 핑계로 그냥 끊어 버렸잖아요. 그리고 그날 보여 준 도면은 말 그대로 계획일 뿐이었어요. 현장에 직접 와서 막상 공사를 하다 보면 조금 상황이 수정될 수도 있는 거고요. 근데, 이제 더 이상은 못 참겠네! 이 뚱땡이 복부인 같으니라고!"

박복녀 씨는 처음 당한 수모에 할 말을 잃은 채 멍하니 서 있었고, 정 대리는 안절부절못한 채 발만 동동 구르고 있었다.

"사모님, 괜찮으십니까? 찰스, 미친 거 아냐? 사모님한테 감히……."

"이봐, 찰스라고 했나? 더 이상 당신이랑은 말하고 싶지 않아. 원래 계약했던 대로 마지막 집을 30m로 만들어 놓든지, 아니면 피해 보상을 하라고!"

박복녀 씨는 혈압이 오른 듯 한 손으로 뒷목을 부여잡고는 자신의 차로 향했다.

"어우, 내 혈압!"

정 대리는 조심조심 박복녀 씨의 뒤를 쫓아갔다. 그리고 뒤이어 찰스가 빠른 걸음으로 박복녀 씨를 따라갔다.

"이봐요, 아무튼 나는 공사를 마쳤으니까 어서 결제나 해 주쇼!"

차에 오르려던 박복녀 씨는 다시 차 문을 쾅 닫았다. 그리고 찰스를 향해 말했다.

"결제? 참, 나! 계약한 대로 하지도 않았는데 내가 왜 결제를 해 줘? 뭐, 원래대로 해 놓으면 생각해 보도록 하지."

"뭐라고? 이 여자가 정말! 어서 돈 내놔!"

박복녀 씨는 찰스의 행동에 기가 막힌다는 표정을 지었다. 그녀는 차 문을 열고 재빨리 올라탄 후 창문을 열었다.

"이봐, 찰스 씨! 당신이 정 이런 식으로 나온다면 난 당신을 수학법정에 고소하겠어. 법정에서 보자고!"

박복녀 씨의 고급 외제차가 유유히 빠져나갔다.

16채의 펜션 사이에 같은 폭의 도로를 놓으려면
16채 펜션 사이에 15개의 도로와 맨 끝 양쪽 집 옆으로
2개의 도로가 필요하므로 도로는 총 17개 필요합니다.

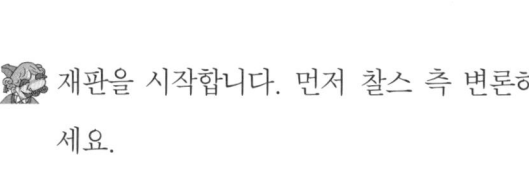

16채의 펜션 양쪽으로 도로를 낸다면
도로는 몇 개가 필요할까요?
수학법정에서 알아봅시다.

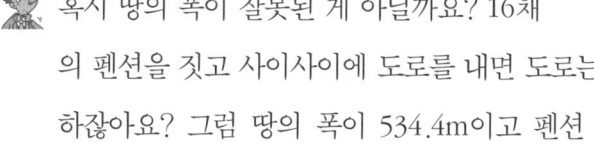

🎭 재판을 시작합니다. 먼저 찰스 측 변론하

세요.

🗣 혹시 땅의 폭이 잘못된 게 아닐까요? 16채

의 펜션을 짓고 사이사이에 도로를 내면 도로는 16개가 필요

하잖아요? 그럼 땅의 폭이 534.4m이고 펜션 한 채의 폭은

30m이므로 펜션 16채의 폭은 $16 \times 30 = 480(\text{m})$이 되고, 도

로의 폭을 모두 합친 것은 $534.4 - 480 = 54.4(\text{m})$가 되잖아

요? 그럼 도로 하나의 폭은 $54.4 \div 16 = 3.4(\text{m})$가 되므로 맞

는데…… 이상하네요. 어디에서 틀린 거죠?

🎭 그걸 나한테 물으면 어떡해요? 그럼 박복녀 씨 측 변론하세요.

🗣 제가 직접 변론하겠습니다. 우선 도로의 개수가 잘못되었습

니다.

🎭 16개가 아니라는 건가요?

🗣 17개입니다. 다음 그림을 보시죠.

도로 하나의 폭을 x라고 할 때, 그림에서처럼 16채의 펜션 사이에 같은 폭의 도로를 놓으려면 도로는 17개 필요합니다. 그러므로 $17 \times x + 30 \times 16 = 534.4$라는 식에서 $x = 3.2$(m)가 나옵니다. 즉 도로의 폭을 3.2m로 해야지만 조건을 만족할 수 있지요.

그럼 찰스가 잘못한 것이군요. 아무튼 공사업자들, 수학 공부 좀 더 해야겠어요. 그럼 다시 도로를 놓고 펜션을 지어 박복녀 씨의 불만이 없게 하세요. 됐지요?

재판이 끝난 후 도로의 폭이 3.2m로 재조정되어 펜션이 들어섰고, 박복녀 씨도 더 이상 불만이 없었다.

 두 수의 곱이 0이 되기 위한 조건

이것을 식으로 쓰면 [가]×[나]=0이다. 3×0=0, 0×3=0, 0×0=0이므로 두 수 중 한 수가 0이기만 하면 두 수의 곱은 0이다. 그러므로 [가]=0 또는 [나]=0이어야 한다.

꽃미남 그룹의 팬 미팅

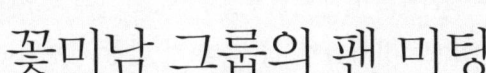

이벤트 업체는 정말로 팬 미팅장의 좌석 수를 속인 걸까요?

"야, 어제 '음악 쇼쇼쇼!' 봤어?"

"아니, 왜?"

"'플라워맨' 이라고 완전 꽃미남 그룹 나왔잖아."

"나도 봤어. 너무 멋있더라! 신인 그룹인데 이번에 WS엔터테인

먼트에서 나왔대."

"WS엔터테인먼트가 웬일로 꽃미남 그룹을! 암튼 난 '울트라 얼

짱' 이 더 좋아! 팬클럽에 바로 가입했잖아."

"나도 가입할래."

WS엔터테인먼트의 홈페이지는 접속 폭주로 잠시 다운되는 일

이 일어났다. 항상 실력파 가수만을 배출했던 WS사가 이번엔 과감히 꽃미남 그룹을 두 팀이나 데뷔시켰다. '플라워맨' 과 '울트라 얼짱'. 첫 데뷔 무대부터 폭발적인 반응을 불러일으켰다.

WS엔터테인먼트 기획실에서는 회의가 한창 진행되고 있었다.

"좋아! 이번 두 그룹 모두 반응이 아주 뜨거워. 대성공이야! 그래서 말이야, 두 그룹의 팬클럽 창단식을 같이 했으면 하는데…… 어떤가?"

WS사의 나대박 사장이 뿌듯한 얼굴로 말했다.

"일단은 팬클럽 회원 수가 몇 명인지 알아봐야 할 것 같습니다. 그리고 이번 창단식은 이벤트 업체에 맡기는 게 어떨까 하는데요?"

"좋아! 그렇게 진행하도록 하지. 근데 팬클럽 회원뿐만 아니라 회원이 아닌 다른 사람들도 오게 해 이번 기회에 그 수를 늘리는 건 어떨까?"

"아주 좋은 의견이십니다. 그럼 홈페이지에서 팬클럽 창단식 참여 신청을 받도록 하겠습니다. 근데 무료로 할까요?"

"어차피 대박 날 그룹들인데…… 이번 창단식은 무료로 하지."

"네, 알겠습니다."

그날 저녁. WS 홈페이지에는 공지 사항이 올라왔다.

이번 주 토요일(3월 20일) 저녁 7시에 올림픽 경기장에서 '플라워맨'과 '울트라 얼짱'을 사랑하시는 모든 팬들을 위하여 작은 공연을 준비했습니다. 이번 공연은 팬클럽 창단식과 함께 진행될 예정입니다. 무료 선착순 입장이니 많은 신청 바랍니다. 참고로 신청은 홈페이지를 통해서만 받습니다.

수많은 팬들이 '신청' 난에 클릭하기 시작했고, 게시판에는 글이 쏟아졌다. 공지 사항이 올라온 지 불과 5분 만에 신청 인원이 넘어섰고, 홈페이지의 접속은 다운되었다. 그러자 WS사는 홈페이지를 일시적으로 폐쇄시켰다. 그리고 플라워맨을 좋아하는 팬 1,200명과 울트라 얼짱을 좋아하는 팬 1,000명을 합쳐 총 인원 2,200명의 명단을 이벤트 업체에 넘겼다.

초등학교 5학년인 은비와 주희는 '울트라 얼짱'의 열렬한 팬이었다.

"너, 이번 주 토요일에 창단식 가?"

"아니, 막 신청하려는데 홈페이지 접속이 끊겼어."

"난 아슬아슬하게 신청됐어."

"완전 좋겠다! 사진 많이 찍어 와. 알았지?"

"당연하지! 내가 폰으로 동영상도 왕창 찍어 올게."

공연 당일. 수많은 의자가 무대 앞에 깔렸다. WS사의 나대박 사장은 공연장 밖에서 끝이 안 보일 정도로 줄이 길게 늘어선 모습을 보고 감동의 눈물을 흘렸다.

"역시 꽃미남 그룹이야! 이번 그룹은 정말 왕대박이야!"

눈물을 뚝뚝 흘리는 나대박 사장에게 유능한 실장이 다가왔다.

"사장님, 이제 입장시킬까요?"

"잠깐만! 이 얼마나 감동적인가? 우리 WS엔터테인먼트가 최고의 기획사로 거듭나는 이 감격의 순간을 기억하기 위해 사진을 한 장 찍어야겠네."

나대박 사장은 양손을 브이로 만들고 환하게 웃었다. 유능한 실장은 고개를 절레절레 흔들며 카메라의 셔터를 눌렀다.

"사장님, 멋있으십니다. 왕입니다요!"

"유능한 실장, 이제 입장시키게!"

"네, 알겠습니다. 그런데 이벤트 업체에서 결제를 빨리 해 달라고 하네요."

"그래? 어서 해 주게. 기분도 좋은데 웬만하면 달라는 대로 다 줘!"

"네, 알겠습니다."

드디어 경기장의 문이 열렸다. 순식간에 몰려든 팬들이 서로 앞에 앉기 위해 뛰기 시작했다. 그렇게 모두 자리에 앉자 화려한 폭죽이 터지며 공연이 시작되었다.

"꺅! 플라워맨이다!"

"와~ 울트라 얼짱이야! 너무 멋있어! 오빠~~."

팬들의 반응은 가히 폭발적이었다. 흐뭇한 나대박 사장은 실장을 불렀다.

"최고야, 최고! 좌석 번호표 있지?"

"네."

"그럼 한 다섯 명 정도 추첨해서 사인 CD랑 간단한 선물을 주도록 해. 무슨 말인지 알지?"

"네, 알겠습니다. 그리고 사장님, 아까 이벤트 업체에는 결제해 주었습니다."

"잘했네. 아무튼 이번 공연 아주 멋져! 마음에 쏙 들어. 다음에도 행사가 있으면 그 이벤트 업체를 부르도록 해."

기분이 좋아진 나대박 사장은 덩실덩실 춤이라도 출 것 같았다. '플라워맨'과 '울트라 얼짱'의 공연이 끝날 무렵, 추첨 이벤트를 시작했다.

"제발! 256번!"

"1230번이요!"

팬들은 자신의 번호를 부르며 소리쳤다. '플라워맨'의 리더 민이가 응모함에서 번호가 적힌 종이를 꺼냈다.

"음, 2122번!"

경기장 안에 침묵이 흘렀다. 아무도 나오지 않자 민이는 다시 한 번 번호를 불렀다.

"2122번! 나와 주세요."

역시나 객석에서는 아무런 움직임도 보이지 않았다. 이를 지켜보던 사장이 의아해했다.

"이봐, 유 실장, 어떻게 된 거야? 2200명 모두 참석했다고 했잖

아. 근데 왜 2122번이 없어?"

"글쎄요. 분명히 2200명한테 초대권을 발송했고, 모두 왔다고 했는데……."

"일단 다른 번호를 대체하도록 해! 그리고 안 되겠어. 가만 보니 빈자리가 눈에 띄는데…… 내가 직접 확인해 봐야지."

나대박 사장은 자리에서 일어나 관객석으로 내려갔다. 그런데 군데군데 100개 정도의 의자가 비어 있었다.

"유 실장, 왜 의자가 100개나 비어 있지?"

"그럴 리가 없는데……."

나대박 사장은 곰곰이 생각해 보았다. 그리고 무릎을 탁 치며 말했다.

"이런! 이벤트 업체에서 돈을 더 받으려고 의자를 2300개 갖다 놓은 거로구먼!"

"앗! 그런가 봅니다. 나쁜 사람들 같으니라고. 사장님, 정말 죄송합니다."

"됐어! 믿고 맡겼더니…… 감히 나한테 사기를 쳐? 나대박 사장을 뭐로 보고 말이야! 이벤트 업체를 당장 수학법정에 고소하겠어."

A와 B의 영역에 속하는 값을 '교집합'이라 하고
'A∩B'라고 씁니다.

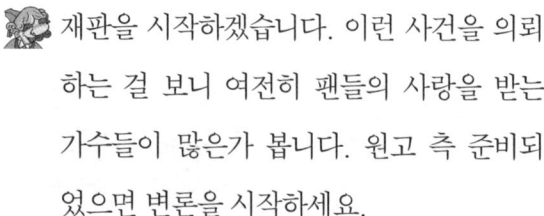

팬 미팅 이벤트장에는 왜 100석의 자리가
비었을까요?
수학법정에서 알아봅시다.

재판을 시작하겠습니다. 이런 사건을 의뢰
하는 걸 보니 여전히 팬들의 사랑을 받는
가수들이 많은가 봅니다. 원고 측 준비되
었으면 변론을 시작하세요.

아직도 이렇게 다른 사람을 속여서 돈 버는 사람들이 있는지
몰랐군요. 빈자리가 보이는데 속일 수 있다고 생각했는지 의
문입니다. 2200명의 팬을 초대해 놓고 이벤트 회사에 행사를
의뢰했는데, 의자를 100개 더 가져다 놓고 2300명에 대한 돈
을 받은 거잖아요. 결제한 금액에서 더 받은 만큼 돌려줄 것
을 요구합니다. 아니, 아니, 속이려고 한 것에 대해 손해 배상
도 요구합니다.

원고 측 변호사 왜 이렇게 정신이 없어요? 이상하게 잘 넘어
간다 했어요. 다음엔 좀 더 논리적으로 변론하도록 하세요.
이번에는 피고 측 변호사의 변론을 들어 보도록 하겠습니다.

이벤트 업체에서는 분명히 2200개의 의자를 준비했습니다.
이벤트 의뢰인에 대한 신뢰를 지키는 게 얼마나 중요한데 일
부러 돈을 더 받아내려고 의자를 가져다 놓았겠습니까? 말도

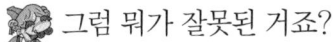

안 됩니다.

그럼 뭐가 잘못된 거죠?

인터넷 홈페이지에 팬클럽 창단식 신청 인원 명단을 살펴본 결과 이상한 점이 하나 있었습니다. 분명 플라워맨은 1200명, 울트라 얼짱은 1000명의 신청자 명단이 있었는데요, 그중 같은 신청자가 있었습니다. 중복되는 신청자 수를 세어 보니 100명이더군요.

중복 신청자란 의미는 양 팀 모두에 신청했다는 건가요?

그렇죠. 즉, 플라워맨에 신청한 사람은 1100명이고, 울트라 얼짱에 신청한 사람은 900명이며, 양 팀 모두에 신청한 사람은 100명이 되는 거죠. 정리하면 플라워맨 신청자 1200명과 울트라 얼짱 신청자 1000명의 합에서 중복으로 신청한 100명을 빼면, 팬클럽 창단식에 참석한 사람은 모두 2100명인 것입니다.

피고 측인 이벤트 회사에서는 2200명의 자리를 준비했고, 원고 측은 2200명 모두 왔다고 알고 있었는데 100석이 비어 있으니 피고 측을 오해한 거로군요.

그렇죠. 그리고 이와 같이 양쪽 모두의 영역에 속하는 값을 교집합이라 하고 'A∩B'라고 씁니다.

이 경우에 중복된 신청자 100명이 양 팀의 교집합이 되는 것이군요. 이번 사건에서처럼 섣불리 다른 사람을 오해하면 안

되겠습니다. 어쨌든 오해가 풀리고 원만하게 해결된 것 같아 다행입니다. 앞으로도 더불어 살아가는 사회에서 믿고 일할 수 있는 모습이 지켜졌으면 좋겠습니다.

 2의 배수의 집합, 3의 배수의 집합, 6의 배수의 집합 사이의 관계

2의 배수의 집합은 { 2, 4, 6, 8, 10, 12…}이고, 3의 배수의 집합은 {3, 6, 9, 12…}이다. 두 집합에 공통으로 들어 있는 원소들을 모으면 {6, 12…}가 되어 6의 배수의 집합이 된다. 즉 6의 배수의 집합은 2의 배수의 집합과 3의 배수의 집합의 교집합이다.

신데렐라가 되고 싶어요!

신데렐라는 과연 20초 안에 성을 빠져나올 수 있을까요?

우리 극단에서는 이번 〈신데렐라〉 공연에서 주인
공 신데렐라 역할을 맡을 참신한 여배우를 모집합
니다. 5월 마지막 주 토요일에 공개 오디션을 실
시할 예정이오니 많은 지원 바랍니다. 자세한 사항은 전화로 문의
해 주십시오. 문의 전화: 0000-0000 극단주

신문을 보던 왕공주 씨는 눈이 번쩍 빛났다. 왕공주 씨는 명문대
학교 연극영화과를 졸업한 뒤 여러 극단을 전전하며 무대에서 단
역만 해 오고 있었다.

"드디어 나에게 기회가 오는구나. 호호호!"

왕공주 씨는 거실로 달려 나가 수화기를 들었다.

"여보세요? 신문 보고 오디션 때문에 전화 드렸는데요."

"네, 말씀하세요."

"구체적으로 어떤 오디션인가요?"

"〈신데렐라〉의 내용은 아시죠?"

"네, 물론이죠."

"무엇보다도 달리기가 중요합니다."

"네?"

"시계가 5시를 가리킬 때 종 치는 시간은 8초가 걸립니다. 밤 12시, 마지막 종이 치기 전에는 건물 밖으로 나와야 하는데, 그러려면 달리기를 잘해서 20초 내에 나와야 합니다. 아시겠죠? 그래서 이번 오디션에서는 연기뿐만 아니라 달리기 실력도 함께 테스트할 예정입니다. 더 궁금하신 거 있으세요?"

"아, 아닙니다. 감사합니다. 수고하세요."

전화를 끊은 왕공주 씨는 한숨이 저절로 나왔다.

"아니, 하필이면 왜 달리기야? 내가 얼굴 되고 연기도 되는데, 달리기가 안 된단 말이야!"

왕공주 씨는 고민 끝에 피트니스 센터로 달려갔다. 그녀는 담당 트레이너 이봉조에게 간절한 목소리로 말했다.

"제가 이번 달 말에 연극 오디션이 있는데요. 달리기를 잘해야 하거든요. 제발 좀 도와주세요."

"알겠습니다. 최선을 다해서 도와드리겠습니다."

그렇게 왕공주 씨는 달리기 연습을 시작했다. 새벽 6시에 일어나 강변을 달렸다. 아침을 먹고 피트니스 센터에 가서 몇 시간 동안 뛰었다. 저녁 식사 후에도 강변에 나와 이봉조 씨와 달리기 연습에 매진하였다.

"헉헉, 저 많이 늘었죠?"

"네. 조금만 더 연습하면 오디션에 꼭 발탁되실 겁니다."

그러나 왕공주 씨는 무리한 연습으로 달리는 도중 쓰러져 병원으로 실려 가게 되었다. 가족들이 놀라 병원으로 달려왔다.

"공주야, 도대체 이게 어떻게 된 일이야? 밤낮으로 달리기만 하더니……."

"엄마, 괜찮아. 좀 무리를 했더니…… 나 그만 퇴원할래. 시간 없어. 일 분, 일 초라도 더 연습해야 해."

왕공주 씨의 머릿속에는 오로지 마지막 주에 있을 〈신데렐라〉 오디션 생각만 가득 차 있었다. 오디션이 일주일 앞으로 다가왔다. 오늘도 어김없이 왕공주 씨와 이봉조 씨는 강변을 달리고 있었다.

"이야, 공주 씨, 실력이 아주 많이 늘었네요. 이제는 마라톤 대회에 나가도 될 것 같은데요. 하하하!"

"정말요? 안 돼요. 그래도 오디션 볼 때까지는 절대 방심하시 말고 해야 해요."

왕공주 씨의 눈은 열정에 불타오르고 있었다. 그렇게 매일 무리한 운동은 계속되었다. 드디어 오디션이 있는 날! 왕공주 씨는 극단까지 한 시간 걸리는 거리를 뛰어서 도착했다.

"헉…… 헉, 드디어 도착했다. 신데렐라야, 기다려라! 이 왕공주님이 오셨다. 호호호!"

오디션에는 수많은 배우 지망생들이 참가했다.

"어머, 저 사람은 인기 연예인 옹주연 씨 아니야? 이런 연예인들도 오디션을 본단 말이야?"

왕공주 씨는 불안해지기 시작했다.

'아니야! 난 누구보다도 열심히 노력했어. 연예인이라고 해도 달리기 시험에서는 통과하기 힘들 거야. 아자, 아자!'

왕공주 씨는 스스로를 위로하며 대기표를 받고 자리에 앉았다. 1차 테스트는 연기력 시험이었다. 왕공주 씨는 예쁜 얼굴에 가창력과 연기력을 두루 갖추었기 때문에 무난히 통과하였다. 2차 테스트인 달리기 시험이 시작되었다. 1차 테스트를 통과한 사람은 그리 많지 않았다. 100여 명의 응시자 중에 20명도 채 되지 않았다.

'휴우, 일단 1차는 합격했어. 달리기만 잘하면 난 주인공이 될 수 있어. 아자!'

왕공주 씨는 다시 한 번 마음을 다잡고 자신의 순서를 기다렸다.

"심사본부에서 알려드립니다. 이번 테스트는 달리기 시험입니다. 미리 공지해 드린 바와 같이 〈신데렐라〉에서 가장 중요한 장면에 필요한 시험이기 때문에, 그만큼 이번 오디션에서 비중이 높습니다. 12시 마지막 종이 치기 전까지, 20초 내에 건물 밖으로 빠져나와야 합니다. 시간이 지나면 문이 닫히게 됩니다. 다들 연습 많이 하셨겠죠? 기대하겠습니다. 그럼, 1번 분 나오세요."

1번 응시자는 제법 덩치가 있는 여자였다.

"자, 준비하시고…… 출발!"

무대 위에 설치된 전자시계가 움직이기 시작했다.

'쿵쾅쿵쾅'

1번 여자는 요란한 소리를 내며 달리기 시작했다. 하지만 문 근처에도 가지 못해 문은 '쾅' 하고 닫혔다.

"네, 조금 더 속도를 내야겠죠? 다음 2번 나오세요."

2번은 마른 몸매에 육상 선수처럼 보이는 날렵한 얼굴을 가지고 있었다. 왕공주 씨는 불안했다.

'왠지, 저 사람은 잘 달릴 것 같아.'

2번 응시자는 총알처럼 달리기 시작했다. 그러나 문이 닫힘과 동시에 문 앞에 도착하는 바람에 결국 빠져나가지 못했다.

"아, 너무 안타깝네요. 1, 2초만 더 빨랐어도 나올 수 있었을 텐데요."

"다음 3번……."

"다음 19번……."

19명의 응시자가 모두 탈락했다. 마지막으로 20번 왕공주 씨가 일어났다.

"마지막 응시자는 이름이…… 왕공주 씨입니다. 이번 신데렐라와 잘 어울리는 이름이네요. 하하하, 만약에 이분마저도 탈락한다면 이번 오디션은 다음으로 미뤄집니다. 부디 마지막 분에게 행운이 있으시길 바랍니다. 자, 준비하시고……."

왕공주 씨는 주먹을 불끈 쥐었다.

'지난 한 달 동안 밥도 제대로 못 먹고, 잠도 제대로 못 잤어. 난 반드시 합격할 거야!'

"출발!"

출발 소리와 함께 왕공주 씨는 있는 힘껏 달리기 시작했다. 문은 점점 닫히고 있었다. 그동안의 고생을 생각하니 눈물이 앞을 가렸지만 꾹 참고 달렸다. 그리고 모든 문을 통과하여 드디어 밖으로 빠져나왔다. 왕공주 씨의 기록은 21초. 기준 기록에서 1초를 넘는 기록이었다. 왕공주 씨는 1초 차이로 탈락하고 말았다.

"말도 안 돼! 전 거의 날다시피 달렸다고요!"

흥분한 왕공주는 극단으로 찾아가, 극단주 사무실의 문을 벌컥 열었다.

"이봐요, 전 엄청난 속도로 달렸어요."

"그래도 불합격은 불합격이지요!"

"그 거리를 20초 안에 달리는 건 육상 선수도 못할 일이에요. 당신들, 무리한 조건으로 배우 지망생들을 실망시키고 고생시켰어.

내가 이 오디션 때문에 병원 신세를 두 번이나 졌다고!"

"아무튼 당신, 왕공주 씨는 불합격입니다."

"나 왕공주! 당신들을 정의의 이름으로 수학법정에 고소하겠어."

종을 12번 칠 때 첫 번째 종부터 열두 번째 종까지는
11번의 종을 치는 시간이 걸립니다.

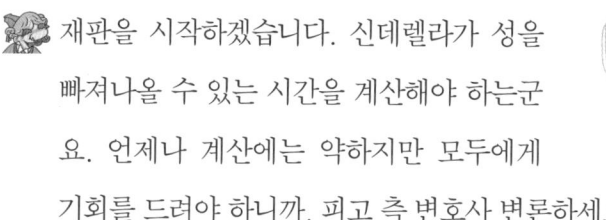

왕공주 씨가 달리기 시험에서 21초를 기록해
불합격 당한 게 과연 합당할까요?
수학법정에서 알아봅시다.

재판을 시작하겠습니다. 신데렐라가 성을 빠져나올 수 있는 시간을 계산해야 하는군요. 언제나 계산에는 약하지만 모두에게 기회를 드려야 하니까, 피고 측 변호사 변론하세요.

판사님, 너무 까칠하게 말씀하시네요. 저도 계산할 수 있다고요. 이번에는 단단히 준비했습니다.

그래요? 두 귀를 활짝 열고 들어 볼게요.

시계가 5시를 가리킬 때 종을 치는 시간이 8초 걸렸으니까, 8을 5로 나누면 한 시간당 종 치는 시간이 나옵니다.

그리고 12시까지 나가야 한다면 종이 12번 치는 시간을 구하면 되지요. 한 번 종 치는 시간을 먼저 구해서 12번을 곱하면 됩니다.

뭔가 그럴듯하게 들리는군요. 한 번 종 치는 시간이 얼마죠?

한 번 종 치는 시간은 8÷5 하면 되지요.

이제 마지막 계산이 남았군요. 종을 12번 치는 시간은 $\frac{8}{5} \times 12 = 19.2$입니다. 그러므로 신데렐라는 19.2초 내에 성을 나와야 하죠.

1장-문자와 식에 관한 사건

수학적인 계산은 제대로 한 것 같군요. 그런데 뭔가 이상한데요. 시간을 구하는 방법이 맞는지 잘 모르겠군요.

제가 얼마나 열심히 조사하고 계산한 건데요. 이번에는 확실하다고요. 왕공주 씨는 신데렐라 오디션에 불합격입니다.

어쨌든 오랜만에 수치 변호사의 수학적 변론을 들을 수 있었습니다. 그럼 원고 측 변론을 들어 보겠습니다.

피고 측 변호사는 여전히 어설프군요. 8초를 5로 나누어 한 번 종 치는 시간을 구하면 어떡합니까?

왜요? 뭐가 틀렸나요?

당연히 틀렸죠. 신데렐라가 12시에 종소리를 듣고 성을 빠져나오려면 12번의 종소리 중에서 첫 번째 종소리를 들어야 12시가 된 것을 알겠지요. 5시가 되었을 때의 시간은 처음 종을 쳤을 때부터 계산한 겁니다. 처음 종을 칠 때부터 열두 번째 마지막 종을 칠 때까지의 시간을 구해야 하는 겁니다. 종과 종 사이의 시간은 1번 종부터 5번 종까지 사이의 시간 8초를 4로 나누어 $8 \div 4 = 2$초입니다. 종이 12번을 치지만 첫 번째 종부터 열두 번째 종까지는 11번의 종을 치는 시간이지요. 그러므로 신데렐라가 실제로 성을 빠져나오는 데는 $11 \times 2 = 22$초가 필요합니다. 그러므로 이번 오디션에서 21초로 통과한 왕공주 씨는 당연히 합격입니다.

판결을 내리겠습니다. 원고 측의 계산이 올바르다고 판단됩

니다. 그러므로 극단 측에서는 21초를 기록한 왕공주 씨를 합
격 처리해야 합니다. 원고의 부상이 나아지는 대로 극단에서
활동할 수 있도록 하십시오.

재판을 마치도록 하겠습니다.

 항등식

x에 어떤 값을 넣어도 참이 되는 등식을 항등식이라고 한다. 예를 들어 $2(x+1)=2x+2$를 보자. $x=1$을 넣으면 $2(1+1)=2\times2=4$, $2\times1+2=4$니까 참이고, $x=2$를 넣으면 $2(2+1)=2\times3=6$, $2\times2+2=6$이니까 참이고, $x=3$을 넣으면 $2(3+1)=2\times4=8$, $2\times3+2=8$이니까 참이다. 이 등식은 x에 어떤 값을 넣어도 참인데, 이런 것을 항등식이라고 한다.

부호의 발견

등호는 1557년 로버트 레코드가 처음 만들었어요. 그는 이 세상에서 평행선만큼 같은 것은 없다는 뜻에서 등호를 긴 평행선으로 만들었는데, 너무 길어 쓰기 불편해지자 사람들이 그 길이를 줄여 지금의 등호가 된 것이지요.

덧셈 기호는 1300년 이탈리아의 수학자 피사노가 7＋4를 7과4라고 썼는데, 이때 '과'를 뜻하는 이탈리아 말 et가 줄어서 ＋가 된 것입니다.

뺄셈 기호는 모자란다는 뜻의 라틴어 minus의 첫 글자 m을 흘려 쓰면서 －의 모습이 되었다고 합니다. 이 기호는 1489년 독일의 수학자 비트만이 처음 사용했지요.

곱셈 기호는 1631년 영국의 수학자 오트렛이 처음 사용했습니다.

나눗셈 기호는 10세기 수학책에 사용되었고, 본격적으로 사용되기 시작한 것은 1659년 요한 하인리히핸의 수학책에서부터입니다.

수학성적 끌어올리기

문자의 사용

한 자루에 500원인 볼펜 세 자루의 값은 1500원입니다. 여기서 1500＝500×3이지요. 그렇다면 한 자루에 a원인 볼펜 세 자루를 사면 얼마죠? a×3원입니다. 볼펜 한 자루의 값이 문자로 주어졌으므로 세 자루의 값도 문자로 쓰였군요. 여기서 우리는 문자와 숫자의 곱에 대해 간단한 약속을 하겠습니다.

- **문자와 숫자의 곱, 또는 문자와 문자의 곱에서는 × 기호를 생략하여 쓴다. 이때 숫자를 문자 앞에 쓴다.**

즉, a×3은 3a라고 쓰면 됩니다. 그럼 한 자루에 a원 하는 볼펜 b 자루의 값은 얼마인가요? a× b원입니다.

이때 a× b는 ab라고 씁니다. 즉, a× b＝ ab이지요.

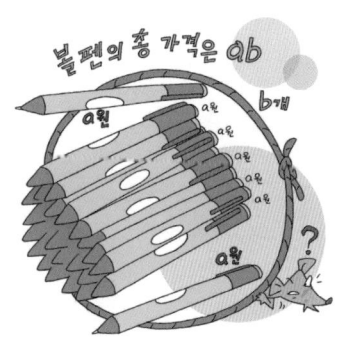

이번에는 문자의 나눗셈을 알아봅시다. 12개의 빵을 4명이 똑같이 나누어 먹으면 한 사람이 몇 개씩 먹게 될까요? 3개입니다. 여기서 3은 12÷4에서 나왔습니다.

이때 $12÷4=\frac{12}{4}$ 라고 쓸 수 있지요. 그럼 a개의 빵을 4명이 똑같이 나누어 먹으면 한 사람이 몇 개씩 먹게 될까요? $a÷$ 4개입니다. 마찬가지로 $a÷4=\frac{a}{4}$ 라고 씁니다. 이렇게 문자의 나눗셈에서는 다음 규칙이 성립합니다.

• 문자와 수, 문자와 문자의 나눗셈은 분수로 나타낸다.

그러므로 문자의 나눗셈은 다음과 같이 씁니다.

$$a÷b=\frac{a}{b}(b\neq0)$$

수학성적 끌어올리기

등식의 성질

이제 등식의 성질을 문자로 나타내 보겠습니다.

'A = B' 라는 등식에 대해 다음 관계가 성립합니다.

(1) A+C=B+C

(2) A−C=B−C

(3) AC=BC

(4) $\dfrac{A}{C} = \dfrac{B}{C}\,(c \neq 0)$

일차 방정식의 풀이에 관한 사건

동화책 교정하기

두 페이지의 합을 알면 페이지 번호를 찾을 수 있을까요?

행운출판사는 규모는 작지만 유명한 도서들을 번역하는 저명한 동화 출판사이다. 출판사 사장 최꼼꼼 씨는 올챙이처럼 배가 볼록 튀어나왔고, 머리숱이 적어서 항상 가발을 삐뚤게 썼다.

"음! 이번 번역 동화책은 무엇보다도 꼼꼼한 교정이 중요해요. 작가가 한 치의 오차도 용납하지 않는 사람이니까 왕어벙 씨, 교정부에서는 특별히 신경을 써 주었으면 좋겠어요."

"네, 알겠습니다."

교정부 직원은 모두 다섯 명이었다. 교정부 팀장이었던 왕어벙 씨는 직원들을 불러 긴급 회의를 열었다.

"이번 번역 동화는 아주 유명한 작품이라고 합니다. 무엇보다 우리 교정 팀의 역할이 중요하다고 하니 정신 바짝 차리고 하도록 합시다. 음, 우리 팀에서 가장 세심한 수세미 씨!"

"네, 네?"

비꼬는 듯한 왕 팀장의 목소리에 두껍고 까만 뿔테 안경을 끼고 졸던 세미 씨가 깜짝 놀라 침을 닦으며 벌떡 일어났다.

"졸았어요? 이 중요한 회의 시간에 졸다니. 으흠!"

"그게…… 어제 밤새도록 교정을 하느라고…… 죄송합니다."

"아무튼 이번 작품은 모두 다섯 권이니까 우리 각자 한 권씩 맡아서 하도록 합시다. 한 권에 3,000쪽이나 되는 꽤 많은 분량이니 지금부터 당장 시작들 하라고. 이상, 회의 끝! 그리고 수세미 씨는 잠깐 남으세요."

다른 직원들은 각자 자리로 돌아갔다. 수세미 씨는 왕어벙 씨 앞으로 다가갔다.

"죄송합니다."

"다음부터 회의 시간에 또 졸면 그냥 넘어가지 않겠어요. 이번 교정이 얼마나 중요한지 알죠?"

"네."

"제대로 좀 하세요. 으이고! 나가 봐요."

수세미 씨는 아침부터 상사에게 혼이 나자 기분이 좋지 않았다.

자판기에서 커피를 뽑고 있는데 교정부 동료가 다가왔다.

"세미 씨, 이번 교정 말이야. 이틀 안에 해야 하는데, 내가 집안에 중요한 일이 있어서 못할 것 같아. 세미 씨가 내 것도 좀 해 주면 안 될까?"

선배인 장미남 씨는 세미 씨가 몰래 좋아하던 선배였다. 잘생긴 외모에, 훤칠한 키, 매력적인 목소리의 장미남 씨는 이미 회사 내에서 최고의 꽃미남으로 소문이 나 있었다.

"세미 씨, 부탁해. 내가 보답은 꼭 할게. 응?"

세미 씨는 잠깐 갈등이 되었다.

'잘하면 이번 기회에 미남 선배랑 데이트할 수 있을지도 몰라. 근데 교정할 양이 꽤 많잖아. 미남 선배 것까지 하기에는 시간이 너무 빠듯한데. 어떻게 해야 하지?'

"세미 씨, 싫어?"

"아, 아니에요. 제가 대신 해 드릴게요."

"고마워! 그럼 난 세미 씨만 믿을게. 하하하! 커피 내가 뽑아 줄게. 하하하!"

그날 밤 세미 씨는 미남 씨의 몫까지 교정을 보느라 정신이 없었다.

"밤을 꼬박 새워도 두 권을 교정하기에는 너무 빠듯해. 중요한 책이라고 했는데, 행여 실수라도 했다가는 정말 회사에서 쫓겨날지도 몰라. 어떡하지? 흑흑!"

세미 씨는 퇴근 시간이 훨씬 지났는데도 사무실에서 커피를 수십 잔 마셔 가며 잠도 자지 않고 미남 씨의 분량을 교정했다.

다음 날 사무실에 출근한 직원들은 세미 씨를 보고 깜짝 놀랐다.

"세미 씨, 밤샌 거야? 눈 밑에 다크써클이…… 팬더 같아."

직원들은 부스스한 세미 씨를 보고 눈살을 찌푸렸다. 미남 씨는 자신 때문에 밤까지 새우며 일을 한 세미 씨가 너무 고마워. 커피를 뽑아 세미 씨에게 건네며 말했다.

"세미 씨, 나 때문에 고생 많았지? 미안해. 그리고 고맙고. 이번 주말에 영화 볼래? 내가 저녁도 살게."

"네? 안 그래도 되는데…… 정 그러시면, 좋아요. 호호호!"

"그래. 종로에서 볼까? 어, 회의 시간이다. 이따 마저 얘기하고 얼른 들어가자."

교정부의 회의 시간이 되었다. 왕어벙 씨는 흐트러진 머리를 만지작거리는 세미 씨를 못마땅한 얼굴로 바라보았다.

"세미 씨! 밤새 뭐한 거야? 미남 씨는 밤새우고 교정을 하고도 저렇게 깔끔하게 출근했는데. 아무튼 다들 내일까지 교정 완료하는 거 알지? 밤을 새워서라도 내일까지 모두 해 와. 이상!"

세미 씨는 잠이 몰려와 견딜 수가 없었다. 하지만 왕 팀장에게 잔소리 들을 생각을 하니 그나마 졸음을 견딜 수 있었다. 그렇게 그날도 사무실에 남아야 했다.

"미남 선배랑 데이트 한 번 하기가 왜 이렇게 어렵냐? 남의 것은 다 해 주고 내 것은 하나도 못하고."

세미 씨는 투덜거리며 책을 펼쳤다. 3000쪽이나 되는 책은 읽을수록 잠이 쏟아졌다.

"이 책, 재미도 없고…… 음…… 졸리다. 30분만 자야지."

연달아 하품을 하던 세미 씨는 급기야 엎드려 잠이 들고 말았다. 너무 피곤한 나머지 30분만 잔다는 것이 세 시간을 자 버렸다.

"으악, 벌써 새벽 네 시잖아. 어떡해. 이제 네 시간 후면 원고를 제출해야 하는데. 얼른 해야겠다."

허겁지겁 책을 읽어 나가기 시작했다. 마음이 급해서 그런지 글자들이 눈에 들어오지 않았다. 교정해야 할 부분을 종이에 적어 가며 겨우 겨우 아침 여덟 시가 다 되어서야 일을 마칠 수 있었다.

"휴우! 다행히 일단 완성은 했다. 화장실 가서 세수 좀 하고 와야겠다."

세미 씨는 직원들이 출근하기 전에 세수라도 할 생각으로 화장실에 갔다. 그런데 그 사이에 회사 청소부 아주머니가 사무실 청소를 하기 위해 들어왔다.

"아이고, 교정부는 항상 지저분하구먼! 빨리 치워야겠다."

아주머니는 대걸레질을 해 가며 직원들의 책상을 정리했다.

"이게 뭐야?"

세미 씨 책상에 있는 종이 뭉치를 발견한 아주머니는 그것을 모아 커다란 쓰레기통에 쑤셔 넣었다.

"아휴, 이제야 좀 깨끗해졌네."

양치질을 하고 세수를 한 세미 씨는 주말에 미남 씨와의 데이트를 상상하며 기분 좋게 사무실로 들어왔다. 사무실에는 이미 직원들이 출근해 있었다.

"좋은 아침!"

세미 씨는 밝은 얼굴로 아침 인사를 했다. 다른 직원들은 모두 책상에 엎드려 있었다. 아마도 모두들 밤새 교정을 하느라 잠을 못 잔 것 같았다. 그때 왕어벙 씨가 들어와 직원들을 깨웠다.

"자, 모두들 일어나세요. 다들 얼굴을 보니 교정은 모두 끝냈겠구먼! 하하하, 미남 씨가 걷어서 내 방에 갖다 놔 줘요. 그리고 오늘 저녁에는 특별히, 회식합시다. 하하하!"

세미 씨는 자신이 교정한 책을 미남 씨에게 건네주며 말했다.

"저기, 미남 선배. 이번 주말에 볼 영화 정했는데요. 공포……."

"세미 씨, 교정할 부분 적어 놓은 건 안 줘?"

"네? 책에 안 꽂혀 있어요?"

미남 씨는 책을 뒤적거렸다.

"없는데……."

이들의 대화를 들은 왕어벙 씨는 세미 씨의 책을 뺏어 들고 말했다.

"이봐, 수세미 씨! 어떻게 된 거야? 다른 직원들은 모두 해 왔는데 왜 세미 씨만 안 해 온 거야, 응?"

"교정할 부분은 딱 한 군데였어요."

"어디? 몇 쪽인데?"

"그게…… 제가 종이에 적어 두었는데……."

"종이? 무슨 종이!"

화가 난 왕어벙 씨는 세미 씨를 다그치기 시작했다. 세미 씨가 울먹이며 말했다.

"그게…… 그 부분이…… 두 쪽의 수를 합하면 545였는데…… 그러니까……."

그때였다. 사장이 들어왔다.

"왜 이리 소란인가? 왕 팀장, 책들은 어디 있나? 음, 이건가? 가져가겠네. 수고했어. 하하하!"

사장은 순식간에 걸어 놓은 책들을 가져갔다. 왕 팀장은 한숨을 내쉬었다.

"별 문제 없겠지 뭐. 한 군데밖에 없다니까. 아무튼 무슨 일 생기면 세미 씨가 책임지라고!"

그리고 얼마 후 책이 발간되었다. 그러던 어느 날, 번역한 작가가 상기된 얼굴로 출판사를 찾아왔다.

"이봐요! 내가 중요한 책이라고 그렇게 부탁했는데. 교정을 대충 하다니…… 이 출판사, 고소하겠어!"

결국 최꼼꼼 씨는 일을 소홀히 한 교정부 직원 수세미 씨를 수학 법정에 고소하였다.

미지수를 x로 놓고 식을 세워 방정식을 풀면
쉽게 답을 구할 수 있습니다.

교정할 부분은 몇 페이지일까요?
수학법정에서 알아봅시다.

수세미 씨는 이 난처한 상황에 어떻게 대처해
야 할지 몰라 불안한 자세로 자리에 앉아 있었다.

재판을 시작하겠습니다. 피고 측 변론하세요.

3000쪽이 넘는 방대한 양의 책 교정을 이틀 동안 끝내야 한
다는 게 말이 됩니까? 이건 노동 착취예요.

엥? 무슨 소리예요? 지금 우리는 교정 내용에 대해 재판을 하
고 있는 겁니다. 집중해 주세요.

이렇게 두꺼운 책에서 교정 하나가 제대로 안 됐다고 고소하
다니 어디 무서워서 일하겠습니까? 실수 한 번 했다고 고소
라니…… 쯧쯧!

그리고 잘못이 피고에게만 있는 것은 아닙니다. 청소하는 아
주머니께서는 물어보지도 않고 교정한 종이를 버렸고, 원고
는 책이 다 되었냐고 묻고는 대답도 듣지 않은 채 빼앗아 가
다시피 가져가 버렸다고요.

책이 잘못 나올 걸 알면서도 회사 측에 말하지 않은 건 잘못
아닌가요?

 긴급한 상황이었잖아요.

 무슨 말인지 알았으니 일단 자리에 앉으세요. 원고 측 변론을 들어 보고 판단하겠습니다. 원고 측 변론하세요.

 피고 측은 교정이 제대로 되지 않은 사실을 알고 있으면서도 책이 발간될 때까지 출판사 측에 아무 말도 하지 않았습니다. 청소 아주머니께서 종이를 버렸다고 하지만 두 쪽수를 합쳐 서 545임을 알고 있었으니, 충분히 교정할 수 있었습니다. 수리탐구연구소의 나늙어 박사님을 모시고 교정이 필요한 부 분이 몇 쪽인지 알아보겠습니다.

 얼른 모셔서 문제를 해결해 봅시다. 증인은 앞으로 나오세요.

언뜻 보기에도 연세가 꽤 들어 보이는 할아버지 박사님은 무테 안경 너머로 법정을 휘, 둘러보고는 자리에 앉았다.

 힘드실 텐데 나와 주셔서 감사합니다. 교정해야 할 곳이 책의 몇 쪽인지를 찾는 문제가 발생했는데요. 두 쪽의 합이 545라 고 합니다. 이런 힌트만 가지고도 쪽수를 알 수 있나요?

 방정식을 이용하면 됩니다.

 방정식이라면 모르는 쪽을 x로 놓고 구하는 거 말인가요?

 네, 바로 그겁니다.

 하지만 여기서는 왼쪽도 모르고, 오른쪽도 모르잖아요?

왼쪽을 x라고 놓으면 오른쪽은 그보다 한 바닥 뒤니까 $x+1$이 되잖아요?

두 쪽수를 더한 값이라니까 x와 $x+1$을 더한다고 생각하면 x 두 개에 1을 더한 거니까 $2x+1$이 됩니다.

아 참, 두 쪽수를 더해서 얼마라고 했지요? 이런~, 늙어서 기억이 가물거리네.

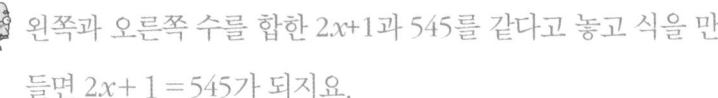 두 쪽수를 더해서 545입니다.

 왼쪽과 오른쪽 수를 합한 $2x+1$과 545를 같다고 놓고 식을 만들면 $2x+1=545$가 되지요.

방정식을 다 세웠으니 풀어 봅시다. 왼쪽과 오른쪽에서 똑같이 1을 빼면 $2x=544$가 되지요.

 네 그렇군요. 이제 모르는 값 x를 어떻게 구하나요?

 간단합니다. 이제 마지막으로 양변을 2로 나누어 보세요.

 2로 나누면 $x=272$가 됩니다. 아, 이제 모르는 값 x를 찾았네요.

x가 왼쪽 수였으니 272쪽과 273쪽이 교정해야 할 부분입니다.

박사님의 설명으로 정말 쉽게 찾을 수 있었습니다. 교정해야 할 쪽을 충분히 찾을 수 있었음에도 불구하고 교정을 제대로 하지 않은 피고는 원고의 출판사에 막대한 지장을 준 점을 인정하고, 손해 배상을 해야 할 의무가 있습니다. 피고에게 책

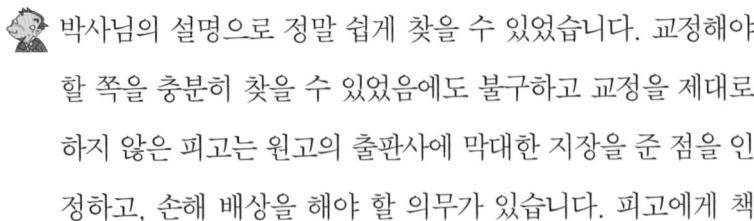

제작비의 절반을 배상할 것을 요구하는 바입니다.

 피고는 출판사의 직원으로서 본분을 다하지 못한 점이 인정 되고, 피고의 실수로 출판사가 큰 손해를 본 것에 대해 배상 할 책임이 있습니다. 그러나 직원의 작은 실수를 감싸 주지 않는다면 회사를 위해 몸 바쳐 일할 사람이 어디 있겠습니 까? 피고는 자신의 실수를 깊이 반성해야 할 것입니다. 앞으 로 피고는 더욱더 열심히 일하는 모습을 보여 주고, 회사는 직원들을 더욱 따뜻하게 감싸 주는 아량을 베풀어 주시기 바 랍니다.

어떤 수에서 4를 빼고 3을 더했더니 10이 되었다. 어떤 수는?

어떤 수를 □라 하고 식을 세우면 □-4+3=10이 된다.
좌변을 정리하면 □-1=10이 되므로 □=11이다.

÷와 −를 구별해야지!

÷와 −가 바뀌는 바람에 더 준 급료는 얼마일까요?

사건속으로

대박건설 총무부 직원 나예뻐 씨는 회사 내에서 가장 인기 많은 여직원이었다. 날씬한 몸매와 갸름한 얼굴, 큰 눈과 뽀얀 피부는 남자 직원들의 마음을 사로잡기에 충분했다. 그녀가 지나가면 남자 직원들은 정신을 못 차릴 정도였다.

"나예뻐 씨, 오늘 시간 있으세요?"

"없어요!"

나예뻐 씨는 차가운 바람이 쌩쌩 불 정도로 모든 남자들의 데이트 신청을 거절했다. 그런 쌀쌀맞은 태도도 남자들의 눈에는 매력으로 보였다. 하지만 여자의 적은 여자라고, 여직원들은 모두 나예뻐 씨를 싫어했고, '비호감'이라고 불렀다.

얼음 공주 나예뻐. 그녀는 사내에서 얼음 공주로 통했다. 하지만 그녀에게도 한 가지 모자란 점이 있었다. 그것은 바로 '계산 능력'이었다. 어렸을 때부터 수학이라면 자다가도 벌떡 일어나 치를 떨 정도로 수학을 싫어했다. 그런 그녀가 총무부에 입사한 것은 참으로 아이러니한 일이었다. 그녀가 총무부에 들어간 이유는 바로 정동건 씨 때문이었다. 그녀 못지않게 여직원들의 우상인 그는 칼처럼 날카로운 콧날과 짙은 쌍꺼풀, 매력적인 눈웃음을 지닌 그야말로 꽃미남이었다.

"동건 씨!"

나예뻐 씨는 모든 남자들에게 차갑게 대했지만, 동건 씨에게만은 생크림처럼 부드러웠다.

"무슨 일이죠?"

하지만 동건 씨는 예쁘기만 하고 실력은 없는 예뻐 씨를 별로 탐탁지 않게 여겼다.

"오늘 시간 있으세요?"

"없어요!"

그 역시 회사 내에서는 '얼음 왕자'로 통했다. 직원들은 두 사람을 보며 쑥덕거렸다.

"완전 얼음 커플이야! 얼음 공주가 제대로 임자 만났지 뭐!"

나예뻐 씨는 회사 동료로부터 동건 씨가 자신이 수학을 못한다는 이유로 싫어한다는 말을 듣게 되었다.

'뭐라고? 내가 무식해서 싫다고? 쳇!'

"예뻐야, 동건 씨 이상형이 똑똑한 여자래! 너는 예쁘기는 한데…… 공부 좀 해라. 네가 어떻게 총무부에 들어갔는지 정말 미스터리야."

"뭐?"

사실 예뻐 씨가 총무부에 들어간 것은 운이 좋았기 때문이다. 입사 시험을 보는 날 컴퓨터가 망가져서 예뻐 씨의 답안이 잘못 채점되었던 것이다. 즉 맞은 개수와 틀린 개수가 바뀌어, 그녀가 90점의 고득점으로 입사했지만 사실은 10점이었던 것이다.

"아무튼, 동건 씨 이상형이 똑똑한 여자란 말이지? 좋아, 까짓것 나도 똑똑한 여자가 되겠어!"

그날 나예뻐 씨는 중학생들이 다니는 수학 학원에 등록하였다. 그리고 퇴근하면 곧바로 학원에 가서 열심히 공부하였다. 그런 예뻐 씨를 보자 동건 씨도 마음이 조금씩 움직였다.

"예뻐 씨, 요즘 공부 잘 되고 있어요?"

처음으로 동건 씨가 먼저 그녀에게 말을 걸었다.

"네?"

"수학 공부하신다고 들었어요. 오늘 시간 되면 저녁이나 같이 먹을까요?"

"돼요, 되고말고요. 호호호!"

그때부터 얼음 공주와 왕자는 사내 커플이 되었다. 그러던 어느 날, 총무부 팀장이 예뻐 씨를 불렀다.

"예뻐 씨, 요즘 공부 열심히 한다는데, 정말이야?"

"네? 아, 조금 열심히 해요. 호호호!"

"그럼 이번 공사 인부들 급료는 예뻐 씨가 맡아서 관리하도록 해. 신경 써서 정확하게 지급하라고."

예뻐 씨는 총무부에 들어온 뒤 처음으로 자신에게 일이 주어지자 너무나도 기뻤다.

'정말 이번 일은 꼭 잘해 내고 말 거야. 그동안 나를 무시했던 사람들에게 보란 듯이 나의 수학 실력을 보여 주겠어. 호호호!'

그녀는 자리에 앉아 인부들의 목록을 죽 살펴보았다.

"예뻐 씨, 급료는 계좌 이체로 할 거니까 지금 바로 계산해서 넣어 주면 돼요."

"네, 팀장님. 걱정하지 마세요. 호호호!"

인부는 모두 4명이었다.

'음, 혹시 모르니까 계산기로 정확하게 계산해야겠다.'

그녀는 서랍에서 계산기를 꺼내 손가락으로 숫자를 눌렀다.

'4로 나누면 48달란이네. 무슨 인부들 급료가 이렇게 많아? 차라리 나도 공사판으로 나갈까? 호호호, 아무튼 48달란씩 네 명한테 보내면 되겠네.'

그녀는 뿌듯한 미소를 지으며 인터넷 뱅킹 창을 열었다. 계좌 이체를 누르고 확인서를 서류 파일에 넣어 팀장에게 주었다.

"팀장님, 이체했습니다. 확인해 보세요."

"확인은 무슨…… 예뻐 씨가 어련히 알아서 했겠지. 정말 사람이 완전 달라진 것 같아. 동건 씨랑 사귄다더니 말투도 부드러워지고, 일도 열심히 하네. 하하하!"

"제가 그랬나요? 호호호, 더 시키실 일 없으세요?"

팀장은 파일을 그대로 꽂아 두었다가 며칠 후, 결재 서류를 모아 사장실로 올라갔다.

"이봐, 강 팀장! 자네처럼 꼼꼼한 사람이 일을 어떻게 처리한 거야? 공사장 인부들 급료가 48달란? 이게 말이 되나? 으이고! 이런 식으로 주다가는 우리 회사가 망하지. 당장 책임 물어서 해고하도록 해!"

강 팀장은 총무부 사무실로 들어와, 컴퓨터로 일하고 있던 나예뻐 씨에게 다가가 말했다.

"나예뻐 씨, 그렇게 간단한 계산도 틀리고…… 공부 좀 했다더니……."

"네?"

"지난번 인부들 급료, 48달란씩 이체했다며?"

"분명 계산기로 계산한 건데…… 잘못될 리가……."

그때였다. 예뻐 씨 옆자리에 앉은 추녀 씨가 말했다.

"예뻐 씨, 그 계산기 고장 나서 -랑 ÷ 버튼이 바뀌어서 계산되는데…… 내가 말 안 했나?"

"네? 왜 이제야 말하는 거예요? 그날 제가 계산기 두드리는 거 보고 있었잖아요."

"나는 예뻐 씨가 똑똑해졌다고 하기에 아는 줄 알았지."

추녀 씨는 팀장이 딴 데 보는 사이에 예뻐 씨를 보고 웃으며 '메롱' 하고 혀를 내밀었다.

"팀장님, 정말 저는 모르고 그랬어요. 죄송합니다."

"아무튼 이번 일로 사장님께서 화가 많이 나셨어. 그리고 책임자는 아무래도……."

"알겠습니다. 흑흑흑!"

나예뻐 씨 입장에서는 억울한 일이지만, 회사에서 해고를 당하고 말았다.

'그럼, 인부들 급료는 얼마라는 거지?'

그녀는 자신이 인부들에게 얼마씩 더 주었는지 궁금해서 수학법정에 의뢰하였다.

÷ 대신 −를 사용할 경우, 계산된 것을 방정식을 이용해
역으로 풀면 간단히 답을 구할 수 있습니다.

**나예뻐 씨가 인부 4명에게 각각
지급해야 하는 급료는 얼마일까요?**
수학법정에서 알아봅시다.

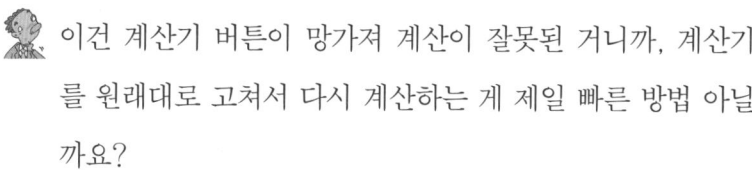

재판을 시작하겠습니다. 아, 이번에는 재
판의 의미보다는 두 변호사께서 의뢰인의
문제를 해결해 주어야겠군요. 수치 변호사
부터 말씀해 주시겠습니까?

이건 계산기 버튼이 망가져 계산이 잘못된 거니까, 계산기
를 원래대로 고쳐서 다시 계산하는 게 제일 빠른 방법 아닐
까요?

나예뻐 씨는 그동안 수학 학원에 다니면서 공부해 왔습니다.
잘못 계산한 값을 고쳐 문제를 해결하는 방법을 알고자 하는
것입니다. 수학적으로 해결할 방법이 없습니까?

제가 말씀드려도 될까요?

매쓰 변호사, 말씀하십시오.

나예뻐 씨가 계산한 방법을 역으로 풀면 될 것 같습니다. 이
방법을 상세하게 설명해 주실, 수학영재학교에서 근무하시는
최똑똑 선생님을 모시도록 하겠습니다.

증인 요청을 허용합니다.

훤칠한 키에 검은 뿔테 안경이 멋스럽게 잘 어울리는,
서른을 갓 넘긴 듯한 젊은 선생님이 밝은 미소를 띠고 증
인석에 앉았다.

 선생님께서는 표정이 아주 밝으십니다.

 학교에서 아이들을 가르치면서 저도 젊어지나 봅니다.

 그렇군요. 열정을 가지고 학생들을 가르치시는 일은 매우 훌
륭한 일이라고 생각합니다.

 감사합니다. 그런데 오늘 제가 해결해야 할 문제가 어떤 겁
니까?

 인부들의 급료를 계산하다가 실수를 한, 나예뻐 씨의 문제를
해결해 주셨으면 합니다.

나예뻐 씨는 인부 4명에게 급료를 나누어 주기 위해 계산기의
÷ 버튼을 눌렀는데, 계산기 버튼이 바뀌는 바람에 ÷ 대신
—가 눌러졌습니다. 그 결과 계산 값이 48달란이 나왔고, 48
달란씩 지급한 나예뻐 씨는 회사를 그만둘 수밖에 없었습니
다. 나예뻐 씨는 본인의 실수를 인정하고 인부들이 실제로 받
아야 하는 급료가 얼마며, 나예뻐 씨가 얼마를 더 준 것인지
알고 싶어 합니다.

 매쓰 변호사가 위에서 말한 것처럼, 나예뻐 씨가 계산한 것을
역으로 하면 간단히 풀 수 있습니다.

 그렇습니까? 그럼, 먼저 무엇을 해야 하죠?

 인부들에게 나눠 주어야 할 돈의 총 액수는 얼마인지 모르죠? 방정식을 세워서 풀어 볼까요?

 그럼 총 금액을 모르는 값으로 놓으면 되겠군요?

 그렇죠. 총 금액을 모르는 값 x라고 둡니다. 나예뻐 씨가 맨 처음에 계산한 것이 무엇이었죠?

 총 금액을 4로 나누려다가 실수로 뺀 거였죠? 그 값이 48달란이었고요.

 총 금액 x값에서 4를 빼면 48이 되는 거군요. 이것으로 $x-4=48$이라는 방정식을 세우면 되겠죠?

 이야! 방정식 하나가 뚝딱 만들어졌네요. 그럼 이제 양변에 4를 더하는 거 맞죠?

 맞습니다. 하나, 하니까 둘을 배우는군요.

계산하면 총금액 x값은 52가 됩니다. 마지막으로 한 가지 계산이 더 남았습니다. 총 금액을 4로 나눠야 인부 한 명당 실제로 지급해야 하는 급료가 나오지요. 총 금액이 52달란이니까 4로 나누어 보면, 13달란이 되는군요. 인부 한 명에게 13달란을 줘야 하는데 48달란을 줬으니, 인부 한 명당 35달란이나 더 지급한 것이 되는군요.

 판사님, 그럼 판결 부탁드립니다.

 잘 이해했습니다. 금액이 많이 차이 나는군요. 회사에 막대한

손해를 끼쳤을 수 있겠네요. 나예뻐 씨가 책임지고 회사를 그만둔 점은 매우 안타깝게 생각합니다. 앞으로 더욱 열심히 수학 공부를 해서 어느 직장에 가든 실수하지 않는 일꾼이 되시기 바랍니다.

재판이 끝난 후 나예뻐 씨는 수학 공부에 빠졌다. 그 후 그녀는 훨씬 더 큰 회사의 수학 비서로 입사하는데 성공했다.

어떤 수에 24를 더하고 87을 빼야 하는 것을 잘못해서 24를 빼고 87을 더했더니 111이 되었다면 어떤 수는?

어떤 수를 □라 하고 식을 세우면, □-24+87=111이 된다.
이 방정식에서 □를 구하면 □=48이 된다.

사이비 종교 단체의 기도 대회

사이비 교주는 정말 천막 사용료를 바가지 썼을까요?

사건속으로

종교 단체인 미더교는 전국에 퍼져 있는 신도들을 모아 기도 대회를 열기로 했다.

"교주님, 기도 대회를 열 장소가 마땅치 않은 것 같습니다. 웬만한 곳에서는 모두 거절을 해서……."

"뭐라고? 기도 대회 장소 하나 알아서 섭외 못하나?"

미더교의 교주인 사이비 씨는 기도 대회를 열 장소가 정해지지 않자 자신이 직접 나서기로 했다. 여의도와 한강 둔치, 대학교 운동장 등 여러 곳을 다녀 보았지만 모두들 미더교에 대해 안 좋은 이미지를 가지고 있어서 그런지 한마디로 거절했다. 그러던 중 한 작은 섬마을에서 연락이 왔다.

"여보세요?"

"예, 여기는 무지섬인데요."

"무슨 일이죠?"

"저는 미더교 신도입니다. 교주님께서 직접 기도 대회 장소를 알아보신다고 들었습니다. 저희 섬에서 하는 게 어떠신지…… 이곳에 큰 천막촌이 있는데, 주인에게 잘 말해 보도록 하겠습니다."

"하하하! 신도님, 고맙소. 분명 복 많이 받을 것이오. 하하하!"

그렇게 해서 미더교의 교주는 무지섬에서 기도 대회를 열기로 했다. 교주의 비서인 백원만 씨가 사이비 씨에세 말했다.

"교주님, 장소가 정해졌으니 구체적인 날짜와 시간을 공지해야 하지 않을까요?"

"그럼, 공지해야지. 너랑 나랑 둘이 할래? 어서 포스터도 왕창 붙이고, 광고도 내야지."

미더교의 기도 대회는 텔레비전 광고와 신문 광고, 포스터 등을 통해 세상에 알려졌다. 언론 매체에서는 미더교의 기도 대회에 대하여 비난적인 의견이 많았다.

"시청자 여러분, 안녕하십니까? 이번 주말에 사이비 종교 단체로 알려진 미더교의 기도 대회가 무지섬에서 1박 2일 동안 열린다고 합니다. 신도들의 규모가 어느 정도 되는지는 정확히 알려진 바가 없습니다. 이에 대해 시민들은 모두 부정적인 반응을 보이고 있습니다. 거리에서 시민을 만나 본 이 기자, 나와 주세요."

"네, 이 기자입니다. 저는 지금 서울의 번화가인 명동에 나와 있습니다. 미더교의 기도 대회에 대한 시민들의 의견을 들어 보겠습니다."

구불구불한 파마 머리의 중년 아주머니가 마이크를 잡았다.

"그 이상한 사이비 종교가 기도 대회를 한다고요? 아이고, 말도 안 됩니다. 미더교 교주는 사기꾼이라고요. 저도 한 번 그 종교에 빠질 뻔했어요. 매일 돈만 가져오라 하고, 아픈 사람 고쳐 준다고 약이나 팔고!"

"예, 이처럼 미더교의 기도 대회에 대한 많은 사람들의 반응은 매우 부정적입니다. 이상, 거리에서 이 기자였습니다."

"이 기자, 수고했습니다. 여러분, 사이비 종교가 이렇게 버젓이 기도 대회를 연다는 게 과연 무엇을 의미하는지 곰곰이 생각해 봐야 할 것 같습니다."

뉴스를 보던 미더교 교주 사이비 씨는 리모컨을 땅바닥에 내팽개쳤다.

"두고 봐! 내가 우리 미더교의 힘을 보여 주겠어!"

드디어 기도 대회 날이 다가왔다. 사이비 씨는 무지섬에 도착하여 비서 백원민 씨와 함께 천막촌을 둘러보았다.

"여기 주인은 어디 있어?"

"곧 올 겁니다."

잠시 후, 20대 초반으로 보이는 젊은이가 그들에게 다가왔다.

"저기, 천막촌 주인이 저희 아버지신데요. 급한 일이 생겨서 섬을 나가셨는데, 며칠 동안 못 오실 거예요. 궁금한 점 있으시면 저한테 물어 보세요."

사이비 씨는 백원만 씨에게 귓속말을 했다.

"여기 얼마에 빌리기로 했지?"

"아직 정확한 금액은 못 들었는데요. 그냥 싸게 해 준다고 해서……."

"뭐? 어휴!"

사이비 씨가 젊은이에게 다가가 점잖게 말했다.

"깎아 주시오."

"네?"

"좀 깎아 달란 말이야."

"몇 명이나 오시는지 알아야……."

"많이 와! 아주 많이! 하하하!"

"빌리는 값은 천막 하나당 20달란입니다."

"뭐? 20달란? 너무 비싸군. 싸게 해 준다고 해서 왔는데……."

"아버지께서 무조건 20달란씩 받으라고 하셨습니다."

금액을 깎으려는 사이비 씨를 백원만 씨가 말리며 말했다.

"교주님, 오늘 기도 대회를 취재하기 위해 많은 기자들이 와 있습니다. 그리고 이미 신도들도 거의 다 도착한 상태입니다. 이제

와서 장소를 바꾼다면 저희 미더교의 이미지에 치명적인 손상을 입힐 수 있습니다."

"아유! 내가 너 때문에 못 산다. 아무튼 기도 대회를 열어야 하고, 신도들을 땅바닥에서 재울 수는 없으니까 천막을 빌리자!"

미더교의 기도 대회는 많은 언론 매체 기자들의 기삿거리가 되었다. 수많은 신도들이 참여하여 성공리에 기도 대회를 마치고 숙소로 돌아가는데, 천막촌 주인의 아들이라는 젊은이가 따라왔다.

"저기 교주님, 천막 하나에 신도들을 12명씩 넣었더니 340명이 못 들어갔습니다. 그래서 비좁지만 14명씩 넣었더니 천막이 40개 남았습니다."

기도 대회에 너무 몰입해서 그런지 사이비 씨는 피곤이 밀려와 말하기가 귀찮아졌다.

"일단 알아서 하게! 12명을 넣든지, 13명을 넣든지…… 난 좀 쉬어야겠어."

그리고 다음 날도 기도 대회는 계속되었다. 신도들과 기자들은 기도 대회가 끝나자 무지섬을 빠져나갔다.

그날 천막촌 주인이 배를 타고 돌아왔다.

"교주님, 기도 대회는 잘하셨습니까? 저도 참석하고 싶었지만 갑자기 일이 생겨서…… 저희 아들 녀석이 알아서 한다고 했는데, 불편한 점은 없으셨는지요? 허허허!"

"아무튼 사용료를 지불할 테니 영수증을 가져오시오."

주인과 아들, 사이비 씨와 백원만 씨는 돈을 지불하기 위해 사무실에 마주앉았다. 주인의 아내가 따뜻한 차를 내왔다.

"교주님, 저희 가족도 미더교 신도입니다. 호호호! 이렇게 가까이서 뵙게 되어 영광입니다. 제 마음 같아서는 천막촌을 공짜로 빌려드리고 싶지만…… 그래도 공과 사는 구분해야겠죠?"

교주는 속으로 내심 공짜로 해 주기를 바랐다.

'그냥 공짜로 해 주지. 공과 사를 왜 구분하고 난리야, 쳇!'

"그렇죠. 공과 사는 구분해야죠. 깎지 않고 정가 그대로 다 지불하겠습니다. 하하하!"

"어머, 역시 교주님은 멋지세요. 호호호!"

천막촌 주인은 아들이 적어 놓은 메모를 보고 계산기를 두드렸다.

"교주님, 사람들이 정말 많이 왔나 봅니다. 금액이 꽤 많이 나왔는데요."

"꽤 많이 나왔다고요? 뭐, 우리 미더교 신도가 많으니까요, 하하하. 그래서 얼마요?"

"딱 10만 달란입니다."

사이비 씨와 백원만 씨는 엄청난 액수에 깜짝 놀라 벌어진 입을 다물지 못했다.

"말도 안 돼! 너무 비싸."

백원만 씨는 자리에서 벌떡 일어나며 말했다.

"당신들 사기꾼 아니야? 아무리 신도들이 많이 왔어도 그렇지,

10만 달란이나 내놓으라니! 계산서를 보여 주시오!"

사이비 씨는 교주 체면에 화를 낼 수 없어서 마냥 답답하기만 했는데, 백원만 씨가 일어나 화를 내니 내심 속이 후련했다. 그런데 천막촌 주인이 오히려 더 화를 내며 말했다.

"사기꾼이라니! 10만 달란도 깎아 준 거예요. 교주님, 교주님도 비싸다고 생각하십니까?"

"으흠!"

교주는 헛기침만 해 댔다. 백원만 씨는 교주의 눈치를 한 번 보고는 다시 소리쳤다.

"아무튼 우리는 그 돈을 다 줄 수가 없소. 없어서 못 주는 게 아니라 터무니없는 값을 치를 수 없다는 거요. 사기꾼 같은 당신을 수학법정에 고소하겠어, 쳇!"

두 식이 같다는 조건이 있을 때 두 개의 방정식을 세워, 서로 같다고 놓고 계산하면 x를 쉽게 구할 수 있습니다.

사이비 교주가 빌린 천막 사용료는
얼마일까요?
수학법정에서 알아봅시다.

 재판을 시작하겠습니다. 피고 측 변론하
세요.

 미더교의 교주인 원고는 기도 대회를 위해
천막을 빌려 사용하고 난 후 지금까지 요금을 지불하지 않고
있습니다. 피고의 영업에 막대한 지장을 주고 있습니다. 천막
촌 주인인 피고는 정확하게 계산된 요금을 제시하였고, 절대
바가지 씌운 것이 아니니 하루빨리 천막 사용료를 지불해 주
십시오.

 천막 사용료를 어떻게 계산했습니까?

 천막 한 개당 20달란이라고 합니다. 피고가 계산기로 계산하
였으니 제대로 했겠지요.

 그냥 제대로 했다고 말만 하면 안 됩니다. 원고가 피고 측에
서 제시한 요금을 인정할 수 없다고 하니, 제대로 이해시켜
줄 의무가 있습니다.

 판사님 제가 설명해 드리도록 하겠습니다.

 그러면 원고 측 변론을 들으면서 정확한 요금이 얼마인지 확
인해 봅시다. 원고 측 변론하세요.

정확한 요금이 얼마인지 알기 위해서는 빌린 천막 개수가 몇 개인지를 먼저 알아봐야겠는데요. 천막 개수를 구하는 방법을 설명해 주실 수학공화국 국립대학 수리영역과 나쵀고 교수님을 모시도록 하겠습니다.

증인 요청을 인정합니다.

마름모꼴의 얼굴에 졸린 듯한 눈을 한 40대 중반의 남자가 증인석에 앉았다.

수리영역의 대가이신 교수님을 만나 뵙게 되어 영광입니다. 오늘도 명확한 결론을 부탁드리겠습니다.

빌린 천막 요금이 정확하게 얼마인지 계산해야 하는 문제인데요. 천막 하나당 요금은 20달란입니다. 천막 하나에 12명씩 들어가면 340명이 들어갈 천막이 모자라고, 14명씩 들어가면 40개의 천막이 남는다고 합니다.

음, 그럼 두 가지 경우를 생각해야겠군요. 여기서 두 개의 방정식을 얻을 수 있지요.

방정식이라면 모르는 값을 구하는 거죠? 우리가 구할, 모르는 값은 무엇으로 할까요?

천막 하나당 20달란이니까 천막의 개수만 구하면 요금을 계산할 수 있습니다. 천막의 개수를 구하기 위해서는 먼저 천막

의 개수를 모르는 값 x로 놓고 신도 전체 인원수를 구해야 합니다.

전체 인원수를 구하는 방정식을 세워 봅시다.

처음에 x개의 천막에 12명씩 들어가면 340명이 남는다고 했으니 방정식을 세우면 $12 \times x + 340$이 됩니다.

자, 그럼 두 번째 방정식은 어떻게 세우면 될까요?

두 번째는 천막에 14명씩 들어간다고 했으니 $14 \times x$인가요?

아닙니다. 천막이 남았다고 했으니 먼저 천막 개수에서 남은 40개를 빼고 계산해야 합니다. $(x-40)$에 14를 곱해야 해요.

그렇군요. 그럼 $(x-40) \times 14$ 라고 하면 될까요?

맞습니다. 두 개의 식을 세웠으니 이제 마지막으로 두 식을 같다고 놓고 계산하면 됩니다. 두 식은 모두 전체 인원을 의미하는 값으로, 전체 인원은 달라지지 않으니까 같다고 놓으면 되죠.

식을 세워 보면 $12 \times x + 340 = (x-40) \times 14$입니다. 양변을 풀어서 계산해 봅시다.

식을 풀어서 쓰면,

$12x + 340 = 14x - (14 \times 40)$

$12x + 340 = 14x - 560$

양변에서 $12x$를 빼고 560을 더하면 $900 = 2x$를 얻고,

천막 개수 x는 450개가 됩니다.

 천막 사용료는 하나당 20달란이므로, 20×450은 9000달란
이군요. 천막촌 주인은 천막 사용료가 9000달란임에도 불구
하고 10만 달란이라는 터무니없는 요금을 청구하였다는 점이
인정되므로, 천막촌 주인의 잘못임을 판정합니다.

재판이 끝난 후 천막촌 주인은 3회 동안 천막을 대여할 때 실제
받아야 할 천막 사용료의 절반만 받을 수 있었고, 그 후 천막 사용
료로 바가지 씌우는 업자는 사라졌다.

나이 알아맞히기

- 선생님은 푸름이에게 자신의 나이에 2를 곱해 3을 더하라고 했다. 그리고 푸름이에게 그 값을 기
억하고, 다시 그 값에 4배를 한 다음 5를 더하게 했다. 선생님은 푸름이에게 그 값을 물었다. 푸름이
는 137이라고 대답했다. 선생님은 푸름이의 나이가 15세라는 것을 알아냈다. 선생님은 어떻게 푸름
이의 나이를 알아낸 것일까?
→ 방정식을 이용하면 간단하다. 푸름이의 나이를 x라고 하자. 나이에 2를 곱해 3을 더하면 $2x+3$
이 되고, 그 값에 4배를 한 다음 5를 더하면 137이 되므로 $4(2x+3)+5=137$이 되고, 이를 풀면
$x=15$가 된다.

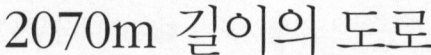

2070m 길이의 도로

두 회사는 공사비를 얼마씩 나눠 가지면 될까요?

'신 고속도로' 라는 현수막이 걸린 도로에는 수많은 취재진들과 각계각층의 사람들이 모여 있었다.

"이 도로는 지금까지는 볼 수 없었던 아주 획기적인 도로입니다. 바닥에 특수한 장치를 해 놓아서 비가 오면 물이 아래로 바로 스며들어 빗길 교통사고의 확률을 거의 제로에 가깝게 낮추었습니다. 물을 부어 보도록 하겠습니다."

마이크를 잡고 말하던 도로공사의 부사장은 물이 든 주전자를 도로에 뿌렸다. 그러자 몇 초도 되지 않아 바닥이 금방 말랐다. 그 자리에 모인 사람들이 모두 박수를 쳤다.

"다들 보셨죠? 이번에 만들어진 이 도로의 공식적인 개통식은 두 달 후에 할 예정입니다. 현재 공사는 100% 완료되었으나 약 두 달 후에 열리게 될 '세계 스키대회'를 기념하는 의미에서 대회 개막식과 동시에 개통식을 진행하도록 하겠습니다."

두 달 후면 자동차들이 쌩쌩 달리게 될 도로 한복판에서는 축하 파티가 열렸다. 도로공사 직원들은 모두들, 그동안 고생했던 일들을 떠올리며 기쁨의 축배를 들었다.

"정말 이 도로 만드느라 너무 고생했어. 도로공사에서 재촉하는 바람에 어찌나 빨리 만들었던지. 한 달 동안 집에도 못 들어갔다고. 하하하!"

축하 파티가 열리고 일주일 정도 지났을 무렵 '펑' 하는 소리와 함께 신 고속도로가 폭파되었다. 바로 두 달 후면 개통하기로 한 고속도로에서 큰 폭발 사고가 일어났다. 근처 군부대에서 잘못 발사된 폭탄이 도로 위에 떨어진 것이다. 도로공사에서는 긴급 회의가 열렸다.

"정말 큰일이에요. 다행히 작업 시간이 아니라 다친 사람은 없지만, 두 달 후면 개통될 도로가 다 망가져 버렸으니."

"그러게 말이에요. 멀쩡한 도로가 갑자기…… 군 당국은 도대체 뭘 한 겁니까?"

부사장은 직원들의 말을 듣고, 최대한 침착하게 사태를 처리하기 위해 마이크를 잡았다.

"지금은 누구의 잘잘못을 가릴 때가 아닙니다. 당장 한두 달 뒤에 세계 스키대회가 열리면 각국에서 많은 선수들과 취재진들이 몰려올 것입니다. 개통될 그 도로를 통해서 경기장으로 이동하기로 되어 있는데…… 빨리 복구해야 합니다."

"그럼 우선 업체를 선정해야겠네요. 공사에서 하는 일이니 공개적으로 업체를 모집해야 하지 않을까요? 시간이 없으니 뉴스와 인터넷을 통해 알리는 게 좋을 것 같습니다."

"좋아요. 그럼 지금 당장이라도 공문을 돌리도록 하세요. 다들 발만 동동 구르지 말고 차분하게 문제를 해결하도록 합시다."

그날 저녁 9시 뉴스에는 '신 고속도로'의 폭파 사고가 톱뉴스로 보도되었다.

"속보입니다. 시청자 여러분 안녕하십니까? 세 시간 전인 여섯 시경에 '신 고속도로'에서 폭파 사건이 일어났습니다. 다행히 인명 피해는 없었다고 하는데요. 자세한 상황을 위하여 주 기자가 현장에 나가 있습니다. 주 기자!"

"예, 주 기자입니다. 이곳은 '신 고속도로'입니다. 오늘 저녁 여섯 시쯤, 근처 군부대에서 사격과 포탄 훈련을 하던 중 오발로 인하여 이곳에 폭탄이 떨어졌습니다. 피해는 생각보다 큰 편입니다. 2070m 정도의 도로가 완전히 망가져서 빠른 복구가 필요하다고 합니다. 이상 '신 고속도로' 폭파 현장에서 주 기자였습니다."

"네, 두 달 후면 개통될 '신 고속도로'가 저렇게 망가지다니 신

속한 대처가 필요하겠군요. 현재 도로공사에서는 도로를 복구할 건설 업체를 공개 모집하고 있습니다. 많은 건설 업체의 참여 바랍니다."

뉴스는 사건 보도에 정신이 없었고, 각종 포털 사이트에는 공고문이 올라왔다.

현재 신 고속도로가 갑작스러운 사고로 망가졌습니다. 하루 빨리 복구해야 하기 때문에 이렇게 공고문을 띄웁니다. 관련 업체의 많은 참여 바랍니다. - 도로공사-

다음 날 도로공사에는 수많은 업체들로부터 문의 전화가 빗발쳤다. 그중에서 공사 속도가 가장 빠르다는 건설 회사 두 곳이 후보로 올랐다. '탄탄건설' 과 '스피드건설' 이었다.

'탄탄건설' 은 어떤 도로든지 튼튼하게 건설하기로 소문이 자자했다. 회사 대표 왕탄탄 씨는 자신의 회사를 소개하기 위해 만만의 준비를 해 왔다.

"안녕하십니까? 저는 '탄탄건설' 대표이사 왕탄탄입니다. 저희 회사는 저를 보시면 아시겠지만 무진장 탄탄합니다. 하하하! 도로 건설에서는 단연 으뜸이죠. 우리나라뿐만 아니라 전 세계 도로의 반은 바로 저희 회사가 만들었다는 것. 모두들 잘 아시죠? 하하하! 주저하지 마시고, 부디 저희 회사를 뽑아 주시면 매우 감사하겠습니다."

왕탄탄 씨는 튀어나온 자신의 배를 만지작거리며 자리로 돌아가 앉았다. 다음으로 '스피드건설'의 사장 나빨라 씨가 나왔다.

"저는 '스피드건설'의 대표 나빨라입니다. 저희는 작은 회사지만 도로 복구에서는 이미 소문 난 회사입니다. 이번 공고문을 보니 빠른 도로 복구가 중요하다고 하셨습니다. 그에 딱 맞는 회사가 바로 저희 '스피드건설'입니다. 비록 '탄탄건설'보다 유명하지는 않지만 속도 면에서는 결코 저희만한 회사가 없을 것입니다. 저희를 선택하시면 절대 후회하지 않으실 겁니다."

말을 마친 나빨라 씨는 정말 빠른 속도로 자리로 돌아갔다. 도로 공사 임원들은 두 회사가 모두 마음에 들어 쉽게 결정을 내리지 못하고 있었다. 드디어 긴 시간 회의 끝에 결정을 내렸다.

"두 업체 모두 아시다시피 현재 상황은 매우 긴박합니다. 저희는 두 회사 중 한 회사를 선택하기가 어려워 두 업체 모두 선정하기로 했습니다. 서로 잘 도와서 될 수 있는 한 빠른 시간 안에 도로를 복구해 주시기 바랍니다. 공사비는 1m 공사에 2달란씩 드릴 예정입니다. 이 정도면 충분한 액수이니 속도에 신경을 써 주셨으면 합니다. 아시겠죠?"

"네, 알겠습니다."

두 건설 회사는 바로 현장으로 출동했다. 망가진 도로의 길이는 2070m였다. 두 팀은 도로 끝에서부터 작업을 시작하였다. '탄탄건설'은 매일 20m씩 작업해 나갔고, '스피드건설'은 매일 25m씩 작업해 나갔다. 드디어 복구가 완료되었다. 그런데 정신없이 일하다 보니 그동안 날짜 가는 줄도 몰랐다. 그래서 두 건설 회사의 공사비를 계산하기가 곤란해졌다. 도로공사에서는 이 문제를 해결하기 위하여 수학법정에 의뢰하였다.

도로공사가 두 회사의 공사비를 정확하게 지급하기 위해서는
방정식을 이용해 일한 날짜와 각 회사가 공사한
도로의 길이를 구하면 됩니다.

두 회사가 일한 날짜는 각각 얼마일까요?
수학법정에서 알아봅시다.

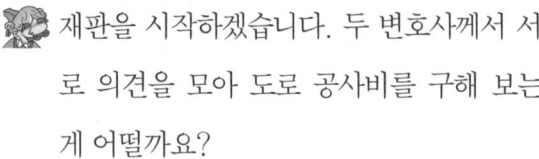
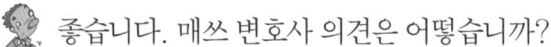

재판을 시작하겠습니다. 두 변호사께서 서
로 의견을 모아 도로 공사비를 구해 보는
게 어떨까요?

좋습니다. 매쓰 변호사 의견은 어떻습니까?

저도 찬성입니다.

그럼 의견을 내 보도록 하죠. 수치 변호사, 공사비 지급을 위
해 어떻게 하면 좋을까요?

도로공사 부사장이 '신 고속도로' 복구 비용으로 지급 가능한
돈이 모두 얼마 정도 됩니까?

그건 왜 필요합니까?

부사장이 지급할 수 있는 돈을 반씩 나누는 게 어떨까 해서요.

너무 불합리한 결정입니다. 일한 만큼 정확하게 지급되어야
하니까, 어떻게 하면 공평하게 지급할 수 있는지 방법을 제시
하세요.

그럼 제가 말해 보겠습니다. 전체 도로의 길이가 2070m라고
했으니, 탄탄건설과 스피드건설이 공사한 도로의 길이를 합
하면 2070m가 됩니다.

그렇군요. 그럼 공사 길이를 합하는 식을 세워 보면 되겠군요.

방정식을 세워 봅시다. 탄탄건설은 매일 20m씩 작업하니까, 20m에 일한 날짜를 곱하면 탄탄건설에서 공사한 도로 길이가 됩니다. 마찬가지로 스피드건설은 매일 25m씩 작업했으니 25m에 일한 날짜를 곱하면 스피드건설에서 공사한 도로 길이가 나옵니다.

그럼 며칠 동안 일했는지 알아야 되는 것 아닌가요? 아직 며칠 동안 일했는지 잘 모르는데요.

그렇습니다. 일한 날짜를 모르니 날짜를 방정식에서 x값으로 정해야지요.

그러므로 탄탄건설에서 작업한 공사 길이는 $20x$가 되고, 스피드건설에서 작업한 공사 길이는 $25x$가 됩니다.

그럼 두 값을 더하면 되겠군요. 이제 방정식을 한번 만들어 볼까요?

방정식은 $20x + 25x = 2070$이 됩니다. 왼쪽 항을 더하면 $45x = 2070$이 되고 양변을 45로 나누면 x값은 쉽게 구해집니다.

x값은 46이네요. 그렇다면 두 회사는 46일 동안 공사를 해서 '신 고속도로'를 완공한 것이군요.

그렇죠. 이제 일당을 계산해야겠네요. 일당은 1미터당 2밀리언이며, 먼저 공사 길이를 구해서 2달란씩 계산하면 됩니다.

공사 길이는 매일 공사한 도로 길이에 날짜를 곱하면 되는 거니까 탄탄건설의 공사 길이는…… 아이고, 복잡하군요. 늙으니 암산이 잘 안 되네. 매쓰 변호사가 계산해 봐요.

탄탄건설의 공사 길이는 $20 \times 46 = 920$m이고, 스피드건설의 공사 길이는 $25 \times 46 = 1150$m입니다. 그러므로 도로공사는 탄탄건설에 920m $\times 2 = 1840$달란을, 스피드건설에 $1150 \times 2 = 2300$달란을 지급하면 됩니다.

그렇군요. 도로공사는 탄탄건설에 1840달란, 스피드건설에 2300달란을 지급하라는 것으로 판결을 내리겠습니다.

재판이 끝난 후 두 건설 회사는 법정의 결정에 만족해했고, 복구된 도로에는 '스피드 탄탄로' 라는 이름이 붙었다.

일차식

$3x+4$에서 $3x$와 4를 각각 항이라 부른다. 이중 4처럼 수로만 되어 있는 항을 상수항이라 부르고, 하나의 항에서 어떤 문자들의 곱해진 개수를 그 항의 차수라고 부른다. $3x$는 문자가 한 개 곱해져 있으므로 차수는 1이고 상수항은 문자가 없으므로 차수가 0이다. 이때 차수가 가장 큰 항의 차수를 전체의 차수로 정의한다. $3x+4$에서 차수가 가장 큰 항은 $3x$이고, 그것의 차수는 1이므로 $3x+4$의 차수는 1이다. 이 식을 일차식이라고 부른다.

유산 상속

김부자 씨의 세 아들은 아버지의 유언대로
유산을 나눠 가질 수 있을까요?

김부자 씨에게는 아들이 세 명 있다. 첫째는 게으름뱅이였고, 둘째는 거짓말쟁이였고, 셋째는 욕심쟁이였다.

"내가 죽으면 저 아이들은 어떻게 살아갈까?"

김부자 씨는 아들들의 장래가 너무나도 걱정되었다. 그래서 돈을 많이 모아 조금이라도 보탬이 되어야겠다고 생각했다. 그는 하루에 세 시간 이상 자지 않고 일만 했다. 주위에서는 그런 김부자 씨를 불쌍한 눈으로 바라보았다.

"쯧쯧쯧, 참 안됐어! 자식들을 위해서 일한다고는 하지만 자기 몸도 좀 돌봐 가며 해야지. 저러다가 잘못해서 병이라도 나면 어떻게 하려고."

"이봐, 김씨! 건강 조심해."

김부자 씨는 주위의 걱정에도 불구하고 몇 년 동안 일만 했다. 그렇게 시간이 흘러 세 아들은 성인이 되었다.

"아버지, 용돈 좀 주세요!"

"나도 줘요. 매일 형만 주고……."

아들들은 여전히 철딱서니가 없었다. 자신의 힘으로 용돈을 마련하기는커녕 매일같이 아버지에게 돈을 타 가서 물 쓰듯이 썼다. 반면 김부자 씨는 부자가 된 지금도 여전히 일을 하러 다녔다. 그러던 어느 날, 과로로 길에 쓰러진 김부자 씨는 가까스로 길을 지나가던 사람의 눈에 띄어 병원으로 옮겨졌다.

"아버지!"

"아버지!"

"아빠!"

아들들은 아버지가 쓰러졌다는 소식을 듣고 병원으로 달려왔다. 그리고 그동안의 잘못을 후회라도 하듯, 한없이 울었다. 김부자 씨는 아들들이 우는 소리에 눈을 떴다.

"얘들아."

"네, 아버지."

"내가 몸이 많이 안 좋은가 보구나."

"아버지, 저희가 잘못했어요. 그동안 아버지 속만 썩여 드리고……."

김부자 씨는 폐암 말기 판정을 받았다. 수술하기에도 늦었고, 앞으로 길어야 한 달 정도 살 수 있다고 했다.

"아들들아……."

"네, 말씀하세요."

"아무래도 내가 살날이 얼마 안 남은 것 같다."

"그런 말씀 마세요. 아직 효도도 한 번 제대로 못해 드렸는데……."

"첫째야, 말만 들어도 고맙구나!"

"아빠, 죽으면 안 돼요!"

"막내 너, 조용히 못해? 죽기는 누가 죽어?"

둘째가 막내에게 호통을 쳤다. 김부자 씨는 그런 아들들을 보니 늦었지만 철이 든 것 같아 흐뭇했다.

"애들아, 내가 너희들을 위해 십 년 동안 열심히 일을 해 왔단다. 그리고 꼬박꼬박 저축해서 꽤 많은 돈을 모았지. 지금부터 유언을 남기겠다. 콜록콜록~."

김부자 씨는 심하게 기침을 하며 몸을 일으켜 자리에 앉았다.

"잘 들어라. 내가 모은 돈은 220달란이다. 첫째는 둘째보다 20달란을 더 갖고, 둘째는 셋째보다 10달란을 더 갖도록 해라. 알았느냐? 콜록콜록~ 꼴까닥!"

말을 마치자마자 김부자 씨는 숨을 거두었다.

"아부지! 엉엉!"

아들들은 김부자 씨의 몸을 흔들며 오열했다. 장례식을 치른 뒤 시간이 흘러 세 아들들은 한 자리에 모이게 되었다.

"둘째, 셋째야, 아버지께서 남겨 주신 유산을 이제 나눌 때가 된 것 같구나. 우리를 위해 고생하시며 모으신 돈이니 부디 잘 간직하고 있다가 꼭 필요할 때 사용하도록 해라. 근데, 이걸 어떻게 나눠야 할지…… 내가 계산에 약해서…….'"

첫째 아들은 머리를 긁적이며 민망해했다. 둘째 아들 역시 얼굴이 약간 붉어지며 작은 목소리로 말했다.

"형님, 저도 계산은 많이 약합니다. 참, 아버지도…… 그냥 얼마씩 가져라, 이렇게 말씀하셨으면 좀 좋아요?"

막내가 웃으면서 말했다.

"형님들, 저 막내만 믿으십시오. 제가 다른 건 몰라도 수학에는 소질이 있지 않습니까? 어디 보자. 첫째는 둘째보다 20달란 더, 그리고 둘째는 셋째보다 10달란 더. 그렇다면 20 더하기 10이니까 30달란을 제외하고 190달란을 3으로 나누면 되겠네요. 하하하!"

첫째와 둘째의 표정이 곧 밝아졌다.

"역시 셋째 네가 제일 똑똑하구나, 하하하! 그럼 얼마씩 나누면 되지? 63달란씩 갖기로 하고 남은 1달란은 막내가 갖도록 해라. 하하하!"

그렇게 세 아들은 유산을 나누어 가지고 각자의 집으로 돌아갔다. 집에 돌아온 첫째 아들이 아내에게 돈을 내놓았다.

"여보, 이거 아버님 유산이야. 내 몫은 83달란이야. 장남이라고 제일 많이 주셨어! 둘째랑 막내한테는 미안하지만……."

돈을 받아 든 아내는 약간 의아한 표정을 지었다.

"당신, 저번에 아버님 유언이 뭐라고 했죠?"

"응?"

"유산 분배를 어떻게 하라고 말씀하셨냐고요?"

"나는 둘째보다 20달란 더 갖고, 둘째는 셋째보다 10달란 더 가지라고 하셨지."

"그래요? 이 돈은 누가 계산한 거예요?"

"막내가 했어. 우리 중에서 그래도 막내 머리가 제일 좋잖아. 허허허!"

"뭔가 이상해요."

"응? 뭐가 이상하다는 거야?"

"내일 저녁에 모두들 나눠 가진 유산을 들고 우리 집으로 모이라고 연락하세요. 특히, 막내 서방님은 꼭 오셔야 해요."

다음 날이 되자 세 형제와 부인들이 첫째 집으로 모였다.

"막내 서방님, 유산을 어떻게 계산하신 거죠?"

"그야, 아버지 말씀대로 했죠. 무슨 문제라도 있습니까?"

"구체적으로 어떻게 계산하셨는지 말씀해 보세요?"

"220달란에서 아버지가 말씀하신 대로 큰형님이 둘째 형님보다 더 갖게 되는 20달란과, 둘째 형님이 저보다 더 갖게 되는 10달란을 제외한 190달란을 나눠 가진 거예요."

"아니에요. 거기에는 분명 문제가 있어요."

모인 식구들은 모두들 무슨 말인지 모르겠다는 표정을 지어 보였다. 셋째가 발끈하여 말했다.

"형수님, 지금 제 수학 능력을 의심하시는 거예요?"

"아니에요. 그게 아니라……."

"참, 나! 정말 섭섭합니다. 제 머리를 못 믿으시다니……."

"죄송해요. 하지만 어딘가 석연치 않은 구석이 있어서요. 우리 이러지 말고 확실히 하는 게 좋을 것 같아요."

둘째가 말했다.

"네? 그럼 어떻게 해야 확실하죠, 형수님?"

"제게 좋은 방법이 있어요. 이 문제를 수학법정에 맡기는 거예요."

셋째가 갖는 값을 x라고 하면 둘째는 $x+10$을,
첫째는 $x+30$을 갖게 됩니다.

세 아들은 유산을 각각 얼마씩
나눠 가져야 할까요?
수학법정에서 알아봅시다.

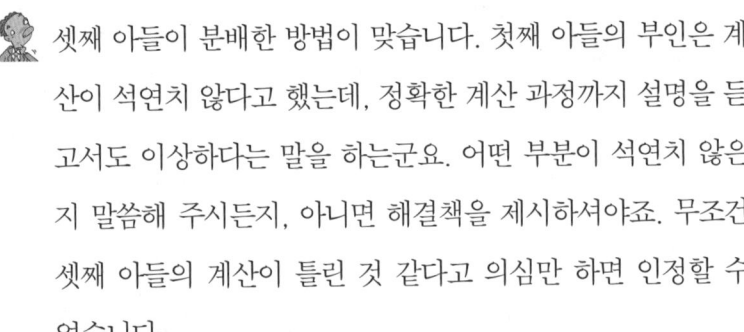

재판을 시작하겠습니다. 유산 상속 문제는
돌아가신 분의 말씀이니만큼 더욱 신경 써
서 해결해야 하는 문제입니다. 유언에 따
라 나누려면 세 아들에게 얼마씩 나누어 줘야 할지 방법을 제
시해 주십시오. 먼저 수치 변호사 말씀해 주십시오.

셋째 아들이 분배한 방법이 맞습니다. 첫째 아들의 부인은 계
산이 석연치 않다고 했는데, 정확한 계산 과정까지 설명을 듣
고서도 이상하다는 말을 하는군요. 어떤 부분이 석연치 않은
지 말씀해 주시든지, 아니면 해결책을 제시하셔야죠. 무조건
셋째 아들의 계산이 틀린 것 같다고 의심만 하면 인정할 수
없습니다.

그럼, 수치 변호사는 셋째 아들의 계산이 옳다는 말이군요.

그렇습니다. 제가 뭐, 계산 능력이 있나요? 히히, 그냥 제가
보기에 계산이 맞는 것 같다는 말이죠.

확실히 맞는다는 것도 아니고, 맞는 것 같다니…… 완전 엉
터리 변론이군요.

으흠! 수학을 못하는, 어쩔 수 없는 현실이 야속하군요. 흑흑!

 공부를 안 해서 그렇죠. 수학 참고서라도 좀 사서 보세요. 이 럴 게 아니라 매쓰 변호사의 말을 들어 봐야겠어요. 매쓰 변 호사 변론하십시오.

 이 사건은 대단한 수학 실력이 없어도 해결이 가능할 것으로 보입니다. 유언에 의한 유산 상속이니만큼 보다 신뢰할 수 있 는 설명을 요구하는 분이 많을 것 같아, 특별히 회계학과를 수석으로 졸업하고 회계사 시험에 최연소로 합격한 나정확 님을 증인으로 신청합니다.

 대단한 증인이군요. 요청을 받아들이겠습니다.

머리에 앉은 파리가 미끄러질 정도로 헤어 젤을 듬뿍 바르고, 칼날 같은 눈빛으로 법정 안을 유심히 둘러보던  증인이 회계 장부 같은 서류들을 옆구리에 한다발 끼고 자리에 앉았다.

 회계사 시험에 최연소로 합격하셨다니, 정말 대단하군요. 이 번 사건도 문안하게 해결해 주실 거라 믿습니다.

 최선을 다하도록 하겠습니다.

 유산 상속을 받는 사람 중, 셋째 아들이 분배한 방법이 옳은 방법입니까?

 아닙니다. 그렇게 나누면 유언대로 나눌 수 없습니다. 셋째 아들이 분배한 방법은 똑같이 나누어 가진 돈에 첫째가 20달란, 둘째가 10달란을 더 가졌으므로 둘째는 셋째보다 10달란 더 가진 게 맞지만, 첫째는 둘째보다 20달란이 아닌 10달란 더 많이 가진 게 됩니다. 실제 유언대로 하면 첫째가 둘째보다 20달란, 둘째가 셋째보다 10달란 더 갖게 되므로 첫째는 셋째보다 30달란을 더 가져야 하거든요.

아, 그렇군요. 그럼 220달란 중에서 30달란을 남기고 세 등분하는 건 틀린 거군요. 그럼 어떻게 해결하죠?

방정식을 세우면 편리합니다. 셋째가 갖는 값을 x라고 하면 둘째는 $x+10$을, 첫째는 $x+30$을 갖게 되지요. 이들이 가진 돈을 모두 합치면 220달란이 되어야 하니까, $x+x+10+x+30=220$이고, 이 식을 정리하면 $3x=180$이 되죠. 양변을 3으로 나누면 $x=60$이므로 셋째가 받아야 할 몫은 60달란입니다.

판결합니다. 역시 방정식을 사용하니 확실해지는군요. 그럼 셋째는 60달란, 둘째는 $60+10=70$달란, 첫째는 $60+30=90$달란을 갖는 것으로 하겠습니다. 잘 해결된 것 같아 기분이 좋습니다. 유산은 앞으로 더 발전적인 삶을 살라고 돌아가신 분께서 남겨 주신 거니까 소중히 여길 수 있도록 하십시오.

　　재판 후 형제들은 다시 사이가 좋아졌고, 유산의 일부를 마을의
장애인들을 위해 사용하도록 기부했다.

 음의 정수 집합과 자연수 집합의 원소의 개수

음의 정수 집합은 {-1, -2, -3…}이고, 자연수의 집합은 {1, 2, 3…}이다. 이때 -1을 1에 -2를 2에 -3
을 3에 대응시키면 음의 정수 집합의 모든 원소를 자연수에 대응시킬 수 있으므로 두 집합의 원소
의 개수는 같다.

$ax=b$의 해는요?

매쓰는 정말 '수학 바보'일까요, '수학 천재'일까요?

수학 천재로 불리는 초등학교 4학년 '매쓰'는 오늘도 어김없이 수학 문제를 풀고 있었다. 매쓰의 취미는 쉬운 수학 문제 풀기이고, 특기는 어려운 수학 문제 풀기였다. 친구들은 그런 매쓰가 신기했다. 뮤직이가 매쓰에게 수학 문제를 하나 물어보았다.

"매쓰야, 이거 답이 뭐야? 어떻게 풀어야 해?"

"음, 이것도 몰라? 무지 쉬운 문제잖아."

"치! 너는 수학이 재미있니?"

"수학이 가장 쉬웠어요. 하하하!"

매쓰는 항상 자신감에 넘쳐 있었다. 다른 수업 시간에도 선생님 몰래 수학 문제를 풀었다. 지금까지 단 한 번도 매쓰가 문제를 못 푸는 경우는 없었다. 학교에서 열리는 수학경시대회는 물론 전국 대회에도 참가해 상을 휩쓸었다. 매쓰의 아빠 메틱스 씨는 아들이 너무 기특하고 자랑스러웠다.

"우리 매쓰, 커서 뭐가 되고 싶어?"

"아빠, 저는 수학자가 될 거예요!"

"하하하! 이 녀석, 하하하!"

그러던 어느 날 집에 돌아온 매쓰는 엄마의 말에 대꾸도 하지 않은 채 방으로 들어가 버렸다.

"매쓰야, 무슨 일 있었니? 응? 엄마가 애플파이 만들었는데, 안 먹을래?"

"……."

아무런 대답이 없자 엄마는 매쓰 방으로 들어갔다. 매쓰는 침대에 엎드려 울고 있었다.

"학교에서 무슨 일 있었구나. 말해 보렴."

"아니에요."

매쓰는 눈물을 닦으며 거실로 나갔다. 평소에는 간식을 먹고 수학 문제를 풀 시간에 매쓰는 텔레비전을 보고 있었다. 이상하게 여긴 엄마가 회사에 있는 아빠에게 전화를 걸었다.

"여보, 매쓰가 이상해요."

사랑하는 아들이 이상하다는 말에 아빠 메틱스 씨는 곧장 집으로 달려왔다.

"매쓰야, 우리 아들!"

"잘 다녀오셨어요?"

"왜 이렇게 풀이 죽어 있어? 선생님한테 혼났니?"

"아니에요."

"근데 이 녀석, 오늘은 왜 수학 문제를 안 풀고 있지? 잘 보지도 않던 텔레비전을 다 보고?"

매쓰는 아빠의 말에 아무 대꾸도 하지 않은 채 자기 방으로 다시 들어갔다. 엄마는 아빠에게 다가가 말했다.

"애들이랑 싸웠나 봐요. 제가 내일 학교에 가 볼게요. 너무 걱정하지 마세요."

다음 날, 밝은 성격의 매쓰는 아침을 먹는 둥 마는 둥 하더니 아무 말도 하지 않고 학교에 갔다. 엄마는 걱정이 되어 매쓰의 뒤를 따라 학교에 가 보았다. 교실 문 앞에서 기웃거리고 있는데 매쓰의 담임선생님이 다가왔다.

"매쓰 어머니 아니세요?"

"어머, 선생님, 안녕하세요?"

"네, 안녕하세요? 근데 무슨 일로 오셨어요?"

"우리 매쓰가 어제 학교에서 돌아와서는 갑자기 말도 잘 안 하고…… 이상해서요. 혹시 학교에서 무슨 일이 있었나 하고 걱정이

돼서 와 봤어요."

"뭐, 특별한 문제는 없었는데……. 아하! 한 가지 일이 있기는 했어요. 어제 수학 시간에 아이들에게 문제를 냈는데 매쓰가 혼자 틀린 답을 말했어요. 그래서 아이들이 좀 놀렸거든요."

"네? 우리 매쓰가 혼자 수학 문제를 틀렸다고요? 말도 안 돼."

"아이들이 '수학 바보'라고 조금 놀렸어요. 그래서 매쓰가 기분이 안 좋았나 보네요. 오늘 학교에서도 말을 하지 않더라고요. 차차 나아지겠죠. 어머님, 너무 걱정하지 마세요. 조금 있으면 수업 끝나겠네요."

"네, 감사합니다."

엄마는 매쓰와 함께 집으로 돌아왔다. 매쓰는 여전히 말이 없었다.

"매쓰야, 엄마가 우리 아들이 제일 좋아하는 맛있는 피자 시켜 줄까?"

"아니요."

"매쓰야!"

엄마가 불러도 못 들은 체하고 방으로 들어가 문을 닫았다. 저녁이 되자 아빠가 퇴근을 하셨다.

"여보, 학교에는 가 봤어?"

"그게…… 어제 수학 시간에 문제를 매쓰 혼자만 틀리게 풀었대요. 그래서 자존심이 많이 상했나 봐요. 친구들이 장난으로 '수학 바보' 라고 놀리기도 했다네요. 조금 있으면 풀리겠죠. 크게 걱정하지 않아도 될 것 같아요. 저녁 먹어야죠? 조금만 기다려요."

엄마가 주방으로 들어가자 아빠는 매쓰 방으로 갔다.

"매쓰야, 괜찮니? 수학 문제가 많이 어려웠어?"

"아빠, 저는 수학 바보인가 봐요. 다른 애들은 다 맞힌 문제를 저 혼자 틀렸어요. 흑흑흑!"

매쓰는 그동안 참았던 눈물을 한꺼번에 터뜨렸다.

"아니야. 우리 아들이 얼마나 수학을 잘하는데!"

"아니에요. 전 바보예요."

아빠는 매쓰를 따뜻하게 안아 주었다. 그제야 겨우 울음을 멈추었다.

"매쓰야, 그 문제가 뭐였니?"

"$ax=b$라는 방정식의 x값을 구하는 문제였어요."

"음! 우리 아들은 뭐라고 답했는데?"

"7이요. 다른 아이들은 0이나 1이라고 대답했고요."

아빠는 곰곰이 생각해 보았다. 그리고 종이에 '$ax=b$' 라는 방정식을 적었다. 다음 날, 아침 식사를 하던 아빠가 무릎을 탁 치며 말했다.

"매쓰야, 어제 그 x값이 7이라 했다고?"

"네."

"여보, 이제 그 일은 잊기로 해요."

엄마는 매쓰가 또 울까 봐 걱정이었다. 그러나 아빠는 계속 말을 했다.

"매쓰야, 선생님께서 답이 7이 아니라고 하셨니?"

"네. 친구들 앞에서 저보고 어떻게 7이 답이 되냐고 하시면서."

매쓰의 얼굴은 다시 울상이 되어 버렸다. 아빠는 매쓰의 머리를 보듬으며 말했다.

"매쓰야, 이따 아빠랑 학교에 같이 가자."

"네?"

"여보, 당신 회사 안 가요?"

"일단 우리 아들 학교부터 갔다가 출근해야지."

아빠는 매쓰의 손을 꼭 잡고 학교로 향했다. 교실로 걸어가는 길에 매쓰의 담임선생님을 만났다.

"어머, 매쓰 아버님 아니세요?"

"선생님!"

"무슨 일로…… 어제 어머님도 오셨었는데……."

"선생님, $ax=b$라는 방정식에서 x의 값은 7이 아니라고 하셨습니까?"

"네?"

선생님은 메틱스 씨의 질문에 조금 당황했다.

"네. 7은 답이 아니죠."

"아닙니다. 7도 x의 값이 될 수 있습니다."

"아니죠, 아버님. 0이나 1이 x의 값이죠, 호호호!"

"선생님을 수학법정에 고소하겠습니다."

웃고 있던 선생님의 얼굴에서 웃음이 사라지고, 선생님은 매쓰와 메틱스 씨를 놀란 눈으로 바라보았다.

방정식 ax=b에서는 a≠0라는 조건을
반드시 명시해야 합니다.

$ax = b$라는 방정식에서 x의 값은
7이 될 수 있을까요?
수학법정에서 알아봅시다.

재판을 시작하겠습니다. 피고 측 변호사 변론하십시오.

아무리 수학 천재라 하더라도 당연히 실수 할 수 있는 겁니다. 틀린 답을 가져와서 우기는 것은 어리석은 일이에요. 수학 문제 틀렸다고 너무 상심하지 말고 선생님께 열심히 배우면 됩니다. 정답을 인정하지 않고 틀렸다고 우기는 것보다 0과 1이 정답이 되는 수학적 원리를 배우는 게 훨씬 도움이 되지 않겠어요?

그럼 0과 1이 정답이 되는 수학적 원리는 무엇입니까?

그거야, 수학 선생님께 배우라니까요. 저에게 배우는 것보다 훨씬 쉽게 이해할 수 있을 거예요.

수치 변호사가 몰라서 그런 게 아니고요? 아무래도 몰라서 그런 것 같은데…….

에헴, 넘어가죠.

그러죠, 뭐. 매쓰 변호사에게 듣는 게 훨씬 빠르고 정확할 테니까요. 원고 측 변론하세요.

매쓰 학생이 많이 상심하고 있는 것 같은데, 이제 기운을 내

세요. 제 변론이 끝날 때쯤엔 매쓰 학생이 웃을 수 있을 겁니다. 선생님께서 0과 1만이 답이라고 하셨는데요, 그 이유는 뭘까요? 우선 7도 정답이 될 수 있는지 알아봐야겠죠? 증인을 모시고 자세한 설명을 들어 보도록 하겠습니다.《수학나라 방정식》을 집필하신 나수리 박사님을 증인석에 모셨으면 합니다.

 원고 측의 요청을 받아들이겠습니다.

긴 속눈썹에 빨간 립스틱을 바른 40대 초반의 노처녀 나수리 박사님은 높은 구두를 신고 증인석으로 걸어 나왔다. 오랜만에 신는 힐이라 걸음걸이가 부자연스러웠  지만, 법정 안에 있는 사람들은 증인의 옷차림보다 증언에 관심이 쏠려 있었기 때문에 증인의 옷차림은 대수롭지 않게 여겼다.

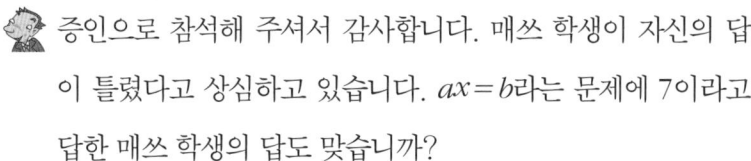 증인으로 참석해 주셔서 감사합니다. 매쓰 학생이 자신의 답이 틀렸다고 상심하고 있습니다. $ax = b$라는 문제에 7이라고 답한 매쓰 학생의 답도 맞습니까?

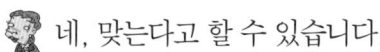 네, 맞는다고 할 수 있습니다.

그렇군요. 그럼 피고가 정답이라고 발한 0과 1은 이렇게 나온 답인가요?

물론 0과 1도 답입니다. 모르는 값을 x라고 합시다. 첫 번째, a와 b의 값은 값이 있는 임의의 숫자라고 한다면 임의의 수가 어떤 수라도 x의 값에 0을 넣으면 양쪽 변이 모두 0이 되어 식이 성립합니다. 두 번째, a의 값과 b의 값이 같다고 한다면 x의 값이 1이 되는 거구요.

그럼 매쓰 학생이 답한 7은 어떻게 해서 답이 되는 거죠?

a값과 b값이 정해진 값이 아니니까 a와 b 값을 모두 0으로 만들어 보세요.

그럼 $0 \times x = 0$이란 식이 나오는군요.

맞습니다. 그럼 x의 값은 어떻게 되나요?

엥? 아무거나 넣어도 되잖아요.

그렇죠. x의 값에 어떠한 값을 넣어도 식이 성립되는 겁니다. x의 값에 6, 7, 8, 9…… 아무것이나 넣어도 틀린 답이 아니죠.

재미있군요. 더 이상 매쓰가 속상해할 일이 아니네요. 매쓰가 정답을 말한 거니까요. 선생님께서 말씀하신 답도 틀린 건 아니지만 매쓰의 답을 틀렸다고 했으니 선생님께서 매쓰에게 미안하게 되었군요.

0과 1뿐만이 아니라 모든 값이 정답이 될 수 있네요. 선생님께선 얼른 정답을 고치셔야겠어요. 매쓰 학생은 아버지께 감사해야 하는 거 알죠? 아버지의 큰 사랑을 받는 매쓰를 친구

들이 부러워할 거예요. 앞으로도 수학 천재가 될 수 있도록 계속해서 수학에 대한 열정을 키워 나가시기 바랍니다.

재판이 끝난 후 과학공화국 교육부에서는 '방정식 $ax=b$를 풀어라'와 같이 x의 계수가 문자인 방정식에서는 $a \neq 0$이라는 조건을 반드시 명시하도록 각 학교에 공문을 보냈다.

 이차 방정식

x^2-x+2는 세 개의 항으로 이루어져 있다. 여기서 $x^2=x \times x$이므로 문지기 두 개 곱해져 있고 따라서 x^2의 차수는 2이다. x^2-x+2에서 차수가 가장 큰 항은 x^2이고, 그 항의 차수는 2이므로 x^2-x+2의 차수는 2이다. 이러한 식을 이차식이라고 부른다.

일차 방정식

어떤 수를 x라고 놓아 보죠. 그러면 어떤 수의 2배는 $2x$이고, 이 것이 4이므로 $2x=4$가 됩니다. 이렇게 구해야 하는 수 x를 미지수 라 하고, 미지수가 있는 등식을 방정식이라고 부릅니다.

방정식 $2x=4$를 만족하는 x는 물론 2입니다. 이렇게 방정식을 만족하는 미지수의 값을 방정식의 해, 또는 근이라고 부릅니다.

다음과 같은 방정식을 보죠.

$3x-2=7$. 주어진 방정식에 $x=1$을 넣어 보세요. 좌변은 $3 \times 1-$

2=1이므로 등식을 만족하지 않습니다. 그러므로 $x=1$은 이 방정식의 근이 아닙니다. $x=2$를 넣으면 좌변은 $3 \times 2-2=4$이므로 등식을 만족하지 않습니다. 그러므로 $x=2$도 방정식의 근이 아닙니다. $x=3$을 넣으면 좌변은 $3 \times 3-2=7$이므로 등식을 만족합니다. 그러므로 $x=3$이 이 방정식의 근입니다.

방정식의 풀이

이제 방정식을 쉽게 푸는 방법에 대해 알아봅시다. 자신의 나이에 2를 곱해 3을 더하고, 그 값에 4배를 한 다음 5를 더했더니 137이라는 수가 나오면, 나이는 얼마일까요?

방정식을 이용하여 풀어 보죠. 나이를 x라고 합시다. 나이에 2를 곱해 3을 더하면 $2x+3$이 되고, 그 값에 4배를 한 다음 5를 더하면 $4(2x+3)+5$가 됩니다.

이것이 137이므로. $4(2x+3)+5=137$이 됩니다. 어랏! 방정식이 나왔군요. 그렇습니다. 이 식에서 x는 푸름이의 나이입니다. 그러므로 이 방정식의 해 x를 구하면 되지요. 그렇다면 어떻게 이 방정식에서 x를 구할까요?

먼저 분배 법칙을 알아야 합니다.

하니가 가게에서 1개에 200원짜리 사과 3개와 1개에 300원짜리 배 3개를 산다고 해 보죠. 사과의 값은 3×200(원)이고, 배의 값은 3×300(원)입니다. 그러므로 전체 금액은 $3 \times 200 + 3 \times 300$(원)이 됩니다.

이 가게에서 사과 1개와 배 1개를 묶어 과일 세트로 판매한다고 합시다. 그럼 하니는 과일 세트 3개를 산 셈입니다. 과일 세트 하나의 가격은 $200 + 300 = 500$(원)입니다. 그래서 과일 값은 3×500(원)이 되지요. 그러므로 다음과 같은 등식이 성립합니다.

$3 \times 500 = 3 \times 200 + 3 \times 300$

여기서 $500 = 200 + 300$이므로 이 식은 다음과 같이 됩니다.

$3 \times (200 + 300) = 3 \times 200 + 3 \times 300$

이것을 분배 법칙이라고 합니다.

　일반적으로 하니가 1개에 b원 하는 사과 a개와 1개에 c원 하는 배 a개를 사면, $a \times (b+c) = a \times b + a \times c$가 됩니다.

　이때 문자들 사이의 곱에서 곱하기 기호를 생략하면 $a(b+c) = ab + ac$가 됩니다.

　이제 분배 법칙을 써서 원래의 방정식을 풀어 봅시다.

　$4(2x+3)$은 분배 법칙에 의해 $4(2x+3) = 4 \times 2x + 4 \times 3 = 8x + 12$가 되므로 주어진 방정식은 $8x + 12 + 5 = 137$이 되고, 정리하면 $8x + 17 = 137$이 됩니다. 양변에서 17을 빼 주면 $8x = 120$이 되고, 양변을 8로 나누어 주면 $x = 15$가 됩니다. 이것이 주어진 방정식의 해입니다. 그러므로 나이는 15세입니다.

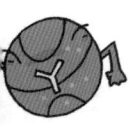

일차 방정식의 응용에 관한 사건

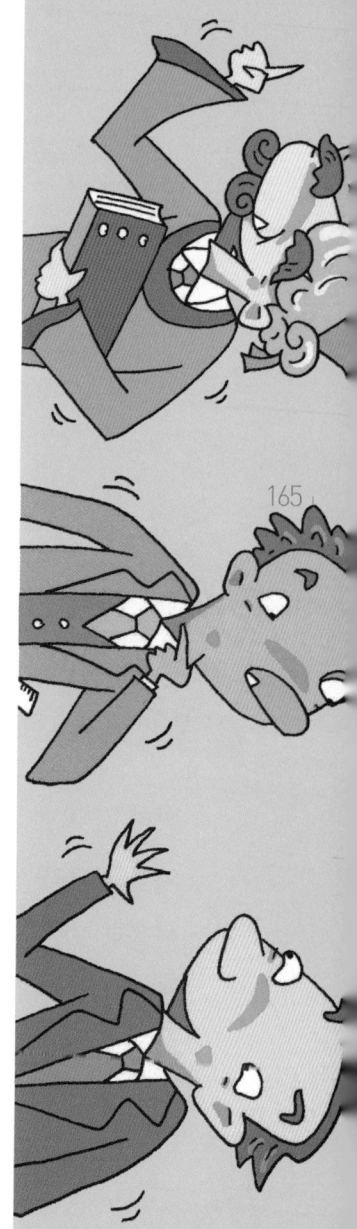

뒤집힌 술병

도구 없이 포도주 병만을 이용하여 포도주의
양을 측정할 수 있을까요?

프랑스 보르도 지역의 레쟁(raisin, 프랑스어로 '포도'
를 뜻함) 마을에는 올해에도 포도 수확이 많았다.
포도주의 고장으로 불리며 해마다 많은 포도를 수
확하고, 오랜 전통의 포도주를 생산했다. 올해는 포도주 100주년
기념 파티가 성대하게 열렸다. 세계 각국에서 유명 인사들이 레쟁
마을로 모여들었다. 넓은 잔디밭에 마련된 하얀 철재 의자들과 형
형색색의 꽃들, 알록달록한 풍선들이 축제의 분위기를 한층 돋우
었다.

레쟁 마을의 대표 엠마가 하얀 드레스를 차려 입고 무대 위에 올

라 마이크를 잡았다.

"봉주르~ 여러분. 레쟁 마을에 오신 것을 진심으로 환영합니다. 우리 레쟁 마을의 포도주 행사가 벌써 100년이 되었습니다. 100주년을 기념하기 위해 세계 각국의 귀빈들께서 이 자리를 빛내 주셨습니다. 감사합니다. 특별히 뜻 깊은 오늘을 기념하는 의미에서 단 한 번도 공개하지 않았던 100년 된 포도주를 살짝 공개해 드리겠습니다. 앙드레아~."

앙드레아는 까만 천이 덮여 있는 상자를 들고 무대로 올라왔다.

"하나, 둘, 셋 하면 개봉하겠습니다. 이 포도주는 세상에 단 하나뿐인 포도주입니다. 경매에 붙여서 그 기금을 우리 레쟁 마을의 기념비를 만드는 데 쓰겠습니다. 자, 다 같이 하나, 둘, 셋!"

정원에 모인 사람들은 하나 된 마음으로 입을 모아 외쳤다. 앙드레아가 천을 걷었다. 유리 상자 안에 들어 있는 호리병 안에는 적색 포도주가 담겨 있었고, 코르크 마개로 닫혀 있었다. 따사로운 햇살을 받은 병이 빛나면서 술의 색깔이 매우 신비로워 보였다.

"이 귀한 포도주의 경매를 시작하도록 하겠습니다."

"먼저 천 유로부터 시작하겠습니다."

미국의 백만장자인 앨버트 씨가 손을 들었다.

"이천 유로!"

중국의 수석인 따오징 씨도 손을 들었디.

"오천 유로 하겠습니다!"

독일의 유명한 배우 마티아스가 자리에서 일어나 말했다.

"저는 만 유로 하겠습니다. 하하하!"

"더 이상 없으시면 마티아스 씨께 이 포도주가……."

그때였다. 프랑스의 억만장자인 알랑도롱이 무대 쪽으로 걸어 나왔다.

"우리 프랑스의 포도주는 제가 사겠습니다. 백만 유로 하겠습니다!"

알랑도롱이 제시한 엄청난 액수에 그 자리에 모인 사람들은 벌린 입을 다물지 못했다. 엠마 역시 놀라 진행하는 것을 잊었다.

"아, 네! 알랑도롱 씨, 대단하십니다. 역시 억만장자답습니다. 여러분, 더 이상 높은 액수는 기대하기 힘들 것 같습니다. 여기서 경매를 마치겠습니다. 이번 100주년 기념 포도주는 우리 프랑스의 억만장자 알랑도롱 씨에게 전해졌습니다. 경매에 참가해 주신 여러 귀빈들께 감사의 말씀을 다시 한 번 전하며, 준비된 음식과 와인을 마음껏 즐기시기 바랍니다."

알랑도롱은 무대에 올라와 100주년 포도주가 든 유리 상자를 받아들었다. 기념사진을 찍은 뒤, 유리 상자는 전시를 위해 파티가 열리는 장소 가운데로 옮겨졌다.

"알랑도롱 씨, 이 포도주는 파티가 열리는 기간 동안엔 이곳에 전시를 하고, 전시를 마친 후에 댁으로 보내 드리겠습니다."

"좋소, 하하하! 잘 관리해 주시오."

"걱정 마십시오. 이 유리 상자는 철저하게 비밀 번호로 잠겨 있습니다."

멋진 연주와 함께 파티의 분위기는 무르익어 갔다. 저녁이 되자 모두들 파티복으로 갈아입고 춤을 추었다. 왈츠와 탱고 등, 사교댄스를 뽐내느라 다들 정신이 없었다. 알랑도롱 씨는 와인을 마시다가 정원에 전시되어 있는 자신의 포도주가 생각났다.

"어디 한 번 나의 사랑스런 포도주가 잘 있나 보러 가야겠다. 허허허!"

알랑도롱 씨는 정원으로 나와 유리 상자 쪽으로 걸어갔다.

"어라!"

유리 상자로 다가간 알랑도롱 씨는 상자의 뚜껑이 열려 있는 것을 발견했다.

"이게 어떻게 된 거야? 이보시오, 파티를 중단하시오!"

화가 난 알랑도롱 씨는 클래식이 연주되고 있는 파티장 가운데서 소리를 질렀다. 그 소리에 놀란 사람들이 알랑도롱 씨에게 몰려들었다.

"무슨 일입니까?"

파티의 주최자인 엠마와 그 외의 관계자들도 달려왔다.

"이보시오, 나의 포도주가 줄어들었소!"

"네? 그럴 리가요. 철저하게 잠가 놓있는데."

"이것 보시오. 유리 상자 뚜껑이 열려 있지 않소?"

엠마와 앙드레아는 유리 상자를 자세히 살펴보았다. 정말 뚜껑이 열려 있었다.

"알랑도롱 씨, 하지만 포도주에는 아무런 이상이 없습니다. 양이 줄어든 것도 아니고, 코르크 마개도 닫혀 있지 않습니까?"

"아니오! 분명히 양이 줄어들었소. 잘 보시오!"

앙드레아는 포도주 병을 들어올렸다.

"제가 보기에는 원래 들어 있던 300ml 포도주의 양에는 변함이 없는 것 같습니다."

"무슨 소리요? 그럼 왜 유리 상자가 열려 있소? 비밀번호까지 알아내서 유리 상자를 열어 놓고 코르크 마개만 열면 마실 수 있는 포도주를 한 모금도 안 마셨다는 게 말이 되오? 어서 범인을 잡아 내시오. 그렇지 않으면 난 이 포도주 경매를 없었던 일로 하겠소."

"네?"

엠마와 앙드레아, 그리고 주변에 모여든 모든 사람들은 알랑도 롱의 말에 어쩔 줄을 몰라 했다. 그때 사람들 틈에서 거제드 형사가 걸어 나왔다.

"저는 형사 거제드입니다. 이 병의 용량이 어떻게 됩니까?"

엠마는 당황하여 갑자기 생각이 나지 않아 머뭇거리다가 말했다.

"음, 500ml예요. 하지만 포도주는 300ml만 담겨 있었죠."

"그렇다면 지금 이 포도주 병은 아까 앙드레아가 만진 것이 전부인가요?"

"네. 그전에는 계속 흰 장갑을 끼고 있었고, 병은 고급 천으로 닦았으니까요."

"그럼 이 병에는 앙드레아의 지문과 범인의 지문밖에 없겠군요. 일단 지문을 채취하겠습니다."

거제드 형사는 흰 장갑을 끼고 병을 조심스럽게 들어올렸다. 지문을 채취한 거제드는 모여든 사람들의 지문과 대조하기 시작했다. 범인은 금방 꼬리가 잡히고 말았다.

"앨버트 씨, 당신이 범인이군."

미국의 백만장자 앨버트는 당혹감을 감추지 못했다.

"아니에요. 난 단지 술김에 포도주 병이 너무 아름다워서 만진 것뿐이지, 절대로 마시지는 않았소."

흥분한 알랑도롱 씨가 앨버트에게 다가가 말했다.

"당신! 아까 포도주 경매에서 떨어져 내 것을 몰래 훔치려던 것 아니오?"

앨버트는 손사래를 치며 말했다.

"절대 아닙니다. 나는 그런 도둑질을 할 사람이 아닙니다. 그저 한 번 만져 보기만 했죠."

거제드 형사가 다시 물었다.

"그렇다면 앨버트 씨, 비밀번호는 어떻게 알았소?"

"그, 그건 아까 경매를 하기 전에 앙느레아가 누르는 것을 우연히 보게 되었고…… 아무튼 나는 훔칠 생각도 없었고 몰래 먹지도 않았어요."

사건은 미궁에 빠지는 듯했다. 파티에 참석했던 사람들도 앨버트에게서 무죄도 유죄도 밝혀낼 수 없자 집으로 돌아갈 준비를 하였다. 엠마는 파티가 망칠 위기에 처하자 다시 무대로 올라가 마이크를 잡았다.

"여러분! 이런 불미스러운 일이 일어난 점 깊이 사과드립니다. 이번 문제는 수학법정에 맡기도록 합시다. 그리고 포도주 파티는 계속되어야 합니다. 모두들 계속해서 파티를 즐깁시다!"

사람들은 엠마의 말에 고개를 끄덕였고, 연주가 다시 시작되었다.

"그래! 수학법정이라면 잘 해결해 줄 거야. 모두 다 같이 건배를 합시다. 하하하!"

사람들은 와인을 즐기며 다시 왈츠를 추었다.

거꾸로 든 포도주 병의 빈 공간의 부피를 재면
남아 있는 포도주 양을 알 수 있습니다.
포도주 병의 빈 공간의 부피는 '밑넓이×높이' 입니다.

앨버트가 포도주를 마시지 않은 게
정말일까요?
수학법정에서 알아봅시다.

재판을 시작하겠습니다. 이번 사건은 피고
가 포도주를 마셨는지 아닌지를 밝혀야 하
는 사건인데요. 너무 비싼 포도주라 다른
그릇에 부어서 측정할 수도 없고, 좋은 방법 있으면 말씀해
보세요. 수치 변호사부터 변론해 보세요.

비커같이 용량을 알 수 있는 그릇도 아니고, 포도주 병에 담
겨진 걸 어떻게 측정합니까?

그러니 좋은 방법 없냐고 묻는 거 아니겠어요? 눈금이라도
그어져 있으면 수학법정에 문의하지 않았겠죠.

그렇긴 하지만…… 아무튼 피고의 지문이 찍혀 있는 게 분명
하고, 포도주 병이 예뻐서 만지기만 했다고 하지만, 피고도
원래는 포도주를 갖고 싶어 했으니 조금 마신 게 분명합니다.
손안에 있는데 어느 누가 참겠어요?

심증만 가지고 사람을 범인으로 몰아가면 어떡합니까?

지문이 증거 아닙니까?

아이고! 내가 수치 변호사에게 뭘 더 바라겠어요. 알겠으니
자리에 앉으세요. 매쓰 변호사의 변론을 들어 봐야겠습니다.

 제 생각에도 피고가 자신의 결백을 주장하는 한 이 문제는 명확한 증거가 있어야 할 것 같군요. 다른 측정 도구 없이 포도주 병만을 이용하여 포도주의 양을 측정할 수 있는지 알아봐야겠어요. 처음의 포도주 양은 얼마였습니까?

포도주 병의 크기는 500ml이고, 포도주의 양은 300ml라고 합니다.

 증인으로 포도주의 양을 밝혀 줄 분을 모시겠습니다. 증인은 실험 장비 제작업을 20년 동안 하고 계시는 정확한 님이십니다.

사각형의 검은 뿔테 안경을 쓰고, 양손에 저울과 비커를 든 채 증인석으로 걸어 나온 40대 중반의 남자는 당장이라도 뭐든지 측정하려는 듯한 모습이었다.

 포도주 병 속의 포도주 양을 측정할 방법이 있을까요? 너무 비싼 포도주라 손실이 최소한으로 적었으면 하는데, 무슨 방법이 있습니까?

 도구 없이 포도주 양을 측정하는 방법이 있습니다.

 그런 방법도 있습니까?

 포도주 병은 아랫부분이 매끈하고 위로 올라갈수록 좁아지는 모양입니다. 포도주 입구가 코르크로 막혀 있으니 거꾸로 들어도 쏟아지지 않을 겁니다. 거꾸로 들면 포도주가 아래로 내려가니까 병의 매끈한 아랫부분은 비게 되고, 비어 있는 길이를 재면 포도주 병의 빈 공간의 부피를 알 수 있지요. 부피는 밑넓이 × 높이(빈 공간 길이)이므로 밑넓이를 알아야겠군요.

 포도주 바닥 면의 밑넓이는 50cm²이라고 합니다.

 처음에 포도주의 양 300ml와 비어 있는 병의 부피를 합하면 전체 부피 500ml가 되는군요. 밑넓이가 50cm²이고 모르는 병의 빈 공간의 길이를 x로 두면, 비어 있는 병의 부피는 $50 \times x$가 됩니다. 간단한 방정식을 세워 볼까요?

$$300 + (50 \times x) = 500$$

양변에서 300을 빼 보세요. $50 \times x = 200$이 되고, 또 한 번 양변을 50으로 나누면 x의 값을 얻을 수 있습니다. x의 값이 병의 비어 있는 공간 길이가 되는 거죠.

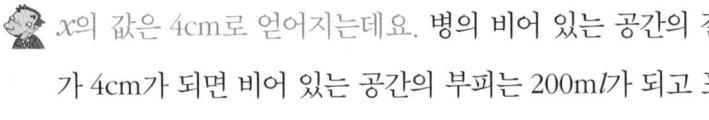 x의 값은 4cm로 얻어지는데요. 병의 비어 있는 공간의 길이가 4cm가 되면 비어 있는 공간의 부피는 200ml가 되고 포도주가 차지하는 부피는 300ml가 되는군요.

잘하시네요. 만약 비어 있는 병 길이가 4cm보다 길면 피고가 포도주를 먹었기 때문에 빈 곳의 부피가 늘어난 것입니다.

부피를 측정하는 도구를 사용하지 않아도 포도주의 양이 구해진다니 놀랍습니다. 만약 포도주의 양이 줄어들었다면 피고는 더 이상 무죄라고 발뺌하지 못할 것입니다. 이상으로 포

도주 양을 측정할 수 있는 방법을 알아보았습니다.

알랑도롱 씨는 얼른 포도주를 보관하는 곳으로 가서 병을 거꾸로 들고 빈 공간의 길이를 재어 보세요. 알랑도롱 씨가 포도주 때문에 속상했던 일들이 깨끗하게 해결되어 정말 다행입니다. 조금만 생각을 바꾸면 이번 사건과 같이 해결되지 않을 것 같았던 문제도 풀리는 것을 알게 되었습니다.

---

 ax+b=c(a≠0)꼴의 방정식

이 방정식은 먼저 좌변의 상수항을 우변으로 이항한다. 그러면 ax=c-b가 된다. 그 다음 양변을 a로 나누면 $x=\frac{c-b}{a}$가 되는데 이것이 이 방정식의 해이다. 예를 들어 3x-10=5를 풀어 보면 -10을 우변으로 이항해 3x=5+10이 되고 우변을 정리하면 3x=15가 된다. 이제 양변을 3으로 나누면 x=5가 된다.

두 펌프 회사의 일당 나누기

연못의 물을 퍼낸 두 펌프 회사는 일당을 어떻게 나눠야 할까요?

사건속으로

왕짠돌 씨네 가족은 동네에서 유명한 자린고비 가족이다. 옷은 한 번도 새 옷을 산 적이 없고, 주위 사람들이나 친척들에게 얻어 입었다. 또한 김장도 다른 집 김장을 도와주고 조금씩 얻어 온 김치들로 장만했다.

"엄마, 학교 준비물 사 가야 해요. 천 원만 주세요."

"뭘 사야 하는데?"

"먹물이오."

"먹물? 옳지! 기다려 봐."

짠순 씨는 냉장고를 뒤적거려 무언가를 꺼냈다. 그건 바로 오징

어였다. 오징어를 칼로 자르더니 나오는 먹물을 작은 통에 받았다.

"자, 소비야, 여기 먹물 있다. 천연 먹물. 호호호!"

"와~ 오징어 먹물이다."

이런 일은 절약의 기본이었다. 짠돌 씨네 가족들이 대형 마트에 나타나면 직원들은 겁부터 났다.

"엄마, 오늘 저녁은 또 마트야? 와~ 나 오늘은 고추장 불고기 먹어야지."

소비는 너무나도 자연스럽게 정육 코너로 달려갔다. 그리고 시식 코너 앞에 서서 물끄러미 직원을 바라보았다.

"아줌마, 하나만 잘라 주세요."

마지못해 직원이 고기를 잘라 주면 덥석 집어 입에 넣었다.

"여보, 나는 오늘 군만두나 먹어야겠어. 하하하!"

짠돌 씨 역시 거침없이 만두 코너로 걸어가 이쑤시개로 시식용 군만두를 콕콕 집어 입에 넣었다. 다른 사람들은 하나 정도 먹는 군만두를 짠돌 씨는 거의 한 봉지를 다 먹다시피 했다. 하지만 짠순 씨는 남편, 아들과는 차원이 달랐다.

"여보, 그런 군만두가 뭐 그리 먹고 싶어요?"

회 코너로 간 짠순 씨는 비싼 회들을 마구 먹어 댔다. 세 식구는 나름대로의 식사가 끝나고 나면 과일 코너와 아이스크림 코너로 걸음을 옮겨 깔끔하게 마무리했다.

"아유, 오늘 너무 과식한 것 같아요. 다음부터 빵은 먹지 말아야겠어요. 호호호!"

마트 직원들이 짠돌 씨네가 오는 날은 시식 코너를 없애자는 의견을 낼 정도였다.

짠돌 씨는 회사에서도 유명했다. 그는 십 년째 같은 양복을 입고 있었다. 거기다 해지고 구멍 난 양말은 옵션이었다.

"왕 대리님, 정말 절약 정신이 대단하십니다."

"왕 대리, 궁상 좀 그만 떨어. 내가 옷 한 벌 사 줄까?"

"이 부장, 관두게. 내가 작년에 왕 대리한테 정장 한 벌 선물했는데 그날 바로 돈으로 바꿨다지 뭐야."

사원들은 모두 왕 대리를 '신 자린고비'라고 불렀다.

"자린고비 대리님, 오늘 회식도 참석 안 하시는 거죠?"

"응, 다음에 참석할게. 집에 일이 있어서."

"집에 일은 무슨……. 자네 혹시 우리가 술값이라도 뒤집어씌울까 봐 그러는 건가?"

"아니야. 정말 집에 일이 있어서……."

"자네 집은 도대체 무슨 일이 회식 때마다 십 년째 있다는 건가? 참, 나!"

짠돌 씨는 동료와 후배들의 비난 섞인 말도 못 들은 체하며 퇴근을 서둘렀다.

'회식은 무슨…….'

그는 퇴근 후 밤이 되면 치킨 배달을 하였다. 닭 모양 헬멧을 쓰고 오토바이를 이용해 집과 회사에서 조금 떨어진 동네에서 배달을 하였다. 우연히 상사의 집에 배달을 갔다가 상사와 짠돌 씨 모두 당황했던 적도 있었다. 그렇게 밤낮없이 일을 하며 억척같이 돈을 모았다. 그 이유는 짠돌 씨가 결혼을 하면서 짠순 씨와 한 약속 때문이었다.

"우리 저 옆 동네에 있는 예쁜 집, 십 년 안에 꼭 우리 집으로 만듭시다."

그들이 계획했던 대로 십 년 안에 그 집을 구하려면 쉴 새 없이 일해야 했다. 짠순 씨 역시 안 해 본 일이 없었다. 가정부, 아기 돌보기 등 허드렛일까지 해 가며 한 푼이라도 아꼈다.

그렇게 짠돌 씨네 가족은 십 년 동안 모은 돈으로 조그마한 집을 마련하게 되었다. 하얀 나무로 된 작은 대문을 열고 짠돌 씨 가족이 들어섰다.

"여보, 정말 감격스러워. 흑흑흑!"

"드디어 내 이름의 집을 갖게 되다니! 내가 십 년 동안 먹고 싶은 것, 입고 싶은 것 아끼고 아껴서 마련한 나의 보물!"

짠돌 씨와 짠순 씨는 너무 감격스러운 나머지 서로 부둥켜안고 눈물을 흘리며 기뻐했다. 짠돌 씨 아들 왕소비도 신이 나 이리저리 뛰어다녔다.

"아빠~ 여기가 정말 우리 집이야?"

"당연하지! 우리 소비랑 엄마랑 아빠랑 살 집이지. 하하하!"

"여보!"

집 안 구석구석을 둘러보던 짠순 씨가 짠돌 씨를 불렀다.

"무슨 일이야?"

집 앞마당에 있는 연못을 발견한 짠순 씨는 곰곰이 생각에 잠겼다.

"이 연못, 물이 너무 더럽네요. 물고기를 넣어도 살기 힘들 것 같아요."

옆에 서 있던 짠돌 씨도 연못을 가만히 들여다보며 말했다.

"여보, 이 연못의 물을 다 빼고 이 안에다가 비밀 금고를 만들면 어떨까?"

"비밀 금고요? 나는 자연 김장독을 만들고 싶은데. 여기다가 김칫독을 묻어 두면 김치냉장고도 필요 없을 것 같아요. 안 그래요?"

"그럼 일단 연못에 있는 물을 다 퍼내도록 합시다."

짠돌 씨는 물을 퍼내기 위해 펌프 회사를 알아보았다. 가장 저렴한 비용이 드는 회사를 알아보느라 일주일이나 걸렸다. 두 회사가 후보에 올랐는데, 둘 다 마음에 들어서 이사 갈 집으로 불렀다. 하나는 '물퍼 회사'였고, 다른 하나는 '다퍼 회사'였다.

"사장님, 저희 물퍼 회사를 믿고 맡겨 주십시오. 저희는 최고의 시설로 깔끔하게 물을 쫙 빼 드리겠습니다."

'물퍼 회사'의 사장은 짠돌 씨의 오른손을 잡고 말하였다. 그러자 이번에는 '다퍼 회사'의 사장이 왼손을 잡으며 말했다.

"멋진 사장님, 저희 다퍼 회사는 물퍼 회사보다 더 빠른 시간 내에 물을 퍼낼 수 있습니다. 그리고 무엇보다 물퍼 회사보다 저렴합니다. 하하하!"

저렴하다는 말에 짠돌 씨는 다퍼 회사 쪽으로 마음이 기울려고 했다. 그러나 물퍼 회사의 예쁜 여사장이 손을 꼭 잡으며 말했다.

"저희 물퍼 회사도 특별 할인을 해 드리겠습니다."

짠돌 씨는 고민에 빠졌다. 어떻게 해야 가장 저렴하게 물을 뺄 수 있을지 선택할 수가 없었다. 가격은 두 회사가 비슷했다. 아니, 거의 똑같은 금액을 제시했다. 짠돌 씨는 오랜 고민 끝에 결정을 내렸다.

"이 연못에 있는 물을 하나도 남김없이 퍼 주십시오. 연못 물 1L당 1달란을 드리겠습니다. 그리고 결제는 물의 양을 보고 해 드리겠습니다."

물퍼 회사의 펌프는 1분에 35L의 물을 퍼낼 수 있었고, 다퍼 회사의 펌프는 1분에 47L의 물을 끌어올렸다.

두두두두……

콸콸콸……

기계가 작동하자 연못의 물은 점점 줄어들었다. 그런데 얼마 후 물퍼 회사의 펌프가 고장이 났다. 결국 다퍼 회사의 펌프로 남은 물들을 다 퍼냈다. 1시간 30분 동안 5455L의 물을 퍼냈다. 그런데 문제가 하나 생겼다. 물퍼 회사와 다퍼 회사의 물이 섞이는 바람에 일당을 어떻게 주어야 할지 몰라 막막해진 것이다. 짠돌 씨는 고민 끝에 두 회사 사장에게 말했다.

"5455달란을 드리면 되겠지만, 각각의 회사가 얼마나 물을 퍼냈는지 알 수가 없군요. 그러니 알아서 나눠 가지십시오."

'물퍼 회사' 사장은 짠돌 씨의 돈을 잽싸게 받아들었다.

"어쨌든 두 회사 다 고생했으니 반씩 나누죠?"

물을 많이 퍼낸 '다퍼 회사' 사장은 화가 났다.

"무슨 소리야? 물은 우리가 거의 다 퍼냈는데…… 당신들이 한 게 뭐 있다고 반씩 돈을 나눠! 이리 내놔!"

두 회사는 옥신각신 다투었다. 몇 시간 동안 싸움이 계속되자 더 이상 싸울 힘도 없었다. '다퍼 회사' 사장이 자리에 털썩 주저앉으며 말했다.

"물퍼, 이 사기꾼 사장! 당신을 수학법정에 고소하겠어."

1분 동안 각각 35L와 47L를 퍼낼 수 있는 펌프로 퍼낸 물의 양은
총 5455L입니다. 이를 방정식으로 나타내면 $35x+47\times90=5455$가 되고,
시간 x를 구한 뒤 두 회사가 퍼낸 물의 양을 구하면
두 회사의 일당을 계산할 수 있습니다.

물퍼 회사와 다퍼 회사는 각각 얼마씩
받아야 할까요?
수학법정에서 알아봅시다.

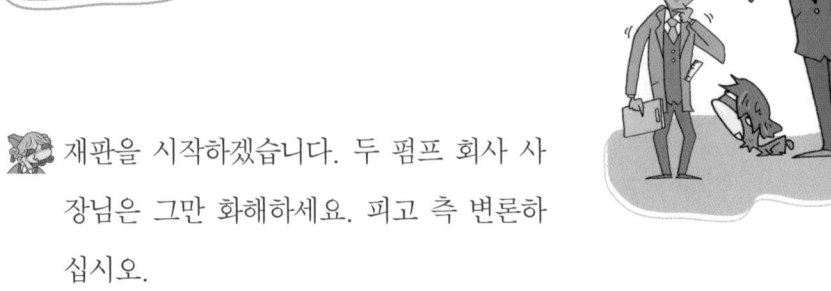

재판을 시작하겠습니다. 두 펌프 회사 사
장님은 그만 화해하세요. 피고 측 변론하
십시오.

역시 사장님들은 돈 문제에 민감하군요. '다퍼 회사' 사장님
은 같이 고생했는데 웬만하면 반씩 나누지 그러세요. 어차피
'물퍼 회사' 펌프가 고장 나지 않았으면 거의 똑같이 나누었
을 테니 말입니다.

지금 무슨 말을 하시는 거예요? 아무튼 정말 대책이 안 서네.
그런 무게 없는 소리 하려면 원고 측에게 변론을 넘기겠습니
다. 원고 측 변론하세요.

나만 매번 미워하신다니까. 아무튼 저는 정확한 값을 매기지
못하겠으니 원고 측 변론을 들어나 봅시다.

임금은 일한 만큼 받아야 공평한 거지요. 열심히 일한 사람과
대충 일한 사람이 돈을 똑같이 받는다는 것은 불공평한 일입
니다. 펌프로 끌어올린 물의 양을 기준으로 돈을 준다고 했으
니 물의 양을 알아야겠군요.
문제를 해결하기 위해 증인을 모셨습니다. 증인으로 나잘난

박사님을 모셨습니다. 박사님은 천부적인 수학 능력을 갖고 계시며, 수리학 논문을 20권이나 쓰셨습니다.

 원고 측의 증인 신청을 받아들이겠습니다.

중절모를 쓴 50대 중반의 남성은 연구가 몸에 배었는지 계속해서 고뇌하는 표정이 역력했으며, 겨드랑이에는 논문집을 두 권이나 끼고 있었다.

 박사님의 수학 실력은 유명해서 모르는 사람이 없을 정도입니다. 오늘 법정 문제도 잘 해결해 주시리라 믿습니다.

별말씀을요. 최선을 다하겠습니다.

펌프 회사의 펌프 성능에 차이가 있고, 펌프로 물을 끌어올린 시간도 다른데 같은 요금을 받는다는 건 합당하지 않습니다. 두 펌프 회사의 일당을 평등하게 줄 수 있는 방법이 없을까요?

해결 방법을 찾아보도록 하죠. 우선 두 회사의 펌프 성능은 어떤가요? 또한 물의 양은 총 얼마나 됩니까?

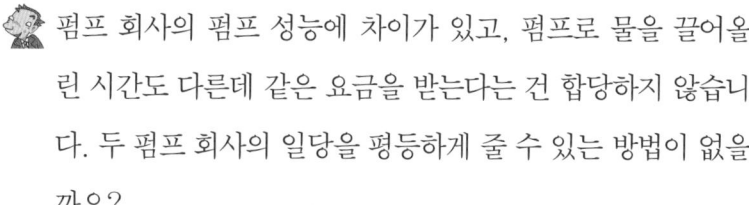 1분 동안 물퍼 회사의 펌프는 35L, 다퍼 회사는 47L를 퍼냅니다. 그리고 총 물의 양은 5455L입니다.

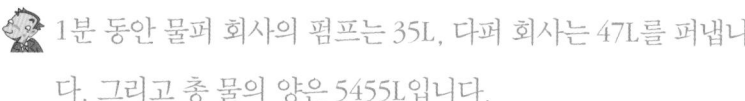 물퍼 회사의 펌프는 물을 퍼 올리는 중간에 고장 없기 때문에 물을 퍼 올린 시간을 모릅니다. 그러므로 물퍼 회사의 펌프가

물을 끌어올린 시간을 모르는 값 x로 두면 물퍼 회사가 퍼 올린 물의 양은 $35x$가 됩니다. 그리고 다퍼 회사는 물을 모두 퍼 올릴 때까지 계속 펌프가 작동했기 때문에 47L씩 90분간 퍼 올린 거지요. 그러므로 다퍼 회사가 퍼낸 물의 양은 $47 \times 90 = 4230$L가 됩니다.

 두 회사가 퍼낸 물의 양을 합하면 전체 물의 양이 되겠군요.

 그렇죠. 방정식으로 나타내면 $35x + 47 \times 90 = 5455$가 됩니다. 계산해 볼까요?

$$35x + 47 \times 90 = 5455$$

$$35x + 4230 = 5455$$

양변에서 4230을 빼면 $35x = 1255$가 되고, 마지막으로 양변을 35로 나누어 주면 $x = 35$분입니다. x의 값은 물퍼 회사가 물을 퍼낸 시간이므로 35분 동안 $35 \times 35 = 1225$L를 퍼냈고, 다퍼 회사는 4230L를 퍼냈습니다.

 판사님, 판결 부탁드립니다.

다퍼 회사가 훨씬 많은 양의 물을 퍼냈군요. 짠돌 씨가 1L당 1달란씩 계산해서 전체 5545달란을 주었기 때문에 다퍼 회사는 4230달란, 물퍼 회사는 1225달란을 받도록 하세요.

재판 후 두 회사 사장은 더 이상 옥신각신 싸우지 않았다. 자신들이 받아야 할 돈을 정확히 받았기 때문이다. 이렇듯 수학법정은

수학의 명쾌함을 통해 많은 사람들의 분쟁을 해결해 주는 데 앞장 섰다.

 이항하면 왜 부호가 바뀌나?

이항은 등식의 성질에서 나온다. 예를 들어 $x+1=2$에서 좌변에 x만 남겨 두고 싶다면 양변에서 1을 빼 주면 된다. 즉 $x+1-1=2-1$이 되니까 $x=2-1$이다. 아하! 좌변에 있던 1이 우변으로 가서 −1이 되는군! 그렇다, 그래서 부호가 바뀌는 것이다.

하나 더 보자. $3x=2x+1$에서 우변의 $2x$를 좌변으로 이항해 보자. 이항하면 당연히 $-2x$로 바뀌겠지?

$$3x = 2x + 1 \text{에서} \quad 3x - 2x = 1$$

이항

성벽의 길이

자로 직접 재지 않고도 성벽의 길이를 알 수 있을까요?

과학공화국에서 최고의 재력가로 손꼽히는 왕갑부 씨는 아주 큰 성을 소유하고 있다. 높은 벽으로 둘러싸인 그곳은 워낙 경비가 삼엄했기 때문에 누구도 안을 들여다볼 수 없었다. 그런데 얼마 전부터 성벽 앞에 벽보가 하나 붙었다. 지나가던 사람들이 그 앞에 멈춰 서서 웅성거리고 있었다.

"자네, 들었어? 이 성 주인이 데릴사위를 모집한다고 하던데?"

"그래? 이 집 사위가 되는 사람은 이 성의 주인이 되는 거나 다름없잖아. 허허허, 그런데 아무나 뽑겠어? 무지 잘난 사람들이나

지원하겠지."

"아니야. 수학만 잘하면 얼굴도 안 본다고 하던데? 게다가 딸도 엄청 예쁘다고 하지, 아마? 우리도 한 번 도전해 볼까?"

인물 좋고, 건장한 청년들은 대부분 이 데릴사위 모집에 큰 관심을 갖게 되었다. 데릴사위의 조건은 생각보다 단순했다. 무조건 수학을 잘하는 사람만 응시할 수 있었고, 왕갑부 씨가 준비한 수학 문제를 풀어야 했다. 그 문제를 풀어 데릴사위가 되면 아리따운 딸과 결혼해 화려한 성에서 살 수 있는 것이다. 당연히 남자들의 관심을 끌기에 충분한 조건들이었다.

"일단 도전해 볼래. 다른 건 몰라도 수학이라면 자신 있다고!"

"하긴! 잘난이 너는 수학 하나는 정말 끝내주게 잘하잖아. 하하하, 나도 도전해 볼까?"

나잘난 씨와 오엉뚱 씨는 벽보 옆 상자에 놓여 있는 지원서를 한 장씩 손에 쥐었다. 나잘난 씨는 어렸을 때부터 수학 천재 소리를 들으며 자라왔다. 비록 키는 좀 작고 인물도 그저 그랬지만 수학 실력 하나만큼은 그 누구에게도 뒤지지 않았다. 게다가 성의 주인인 왕갑부 씨가 수학이라면 껌벅한다고 하니 데릴사위가 될 가능성이 전혀 없는, 무모한 도전이라고만 할 수는 없었다.

며칠 뒤, 수백 명의 청년들이 성 안으로 모여들었다. 성은 여태껏 단 한 번도 개방된 적이 없었다. 성은 겉에서 봤을 때보다 더욱 웅장하고 거대했다. 모집에 지원한 사람들은 성의 내부를 이곳저

곳 둘러보느라 정신이 없었다.

"자, 다들 모이십시오!"

성의 관리인으로 보이는 한 중년 남자가 사람들을 집중시켰다.

"우선, 모두 환영합니다. 다들 저를 따라 대강당으로 들어가겠습니다."

수백 명의 사람들이 남자를 따라 나섰다. 성의 로비는 매우 화려했다. 대리석이 깔린 바닥과 보석 달린 샹들리에가 빛나고 있었다.

"이야! 잘난아, 완전 궁전이다, 궁전."

"그러게. 정말 동화 속에 나오는 성 같아."

"이런 데서 하루만 살아 봐도 소원이 없겠다."

"난 여기서 평생 살고 말거야!"

"후훗! 완전 자신감 백배구나."

잘난 씨와 친구 엉뚱 씨는 연신 두리번거리며 감탄했다. 그들뿐만 아니라 모든 사람들이 성의 매력에 푹 빠져 있었다. 크리스털로 만들어진 계단을 따라 2층으로 올라가자 대회의장이라고 써 있는 곳이 있었다. 그야말로 영화관이 따로 없을 정도로 큰 강당이었다. 수백 명의 지원자들이 들어가고도 자리는 꽤 남았다. 앞쪽 강단에는 성의 주인인 왕갑부 씨가 지팡이를 짚고 서 있었다.

"허허허, 예상대로 많은 분들이 지원하셨군요. 다들 아시다시피 이번 데릴사위 모집에서 가장 중요한 것은 수학을 잘해야 한다는 것입니다. 난 못생기고 뚱뚱한 남자는 용서해도 수학 못하는 멍청

한 사위는 절대 사절입니다. 접수한 서류를 보니 내로라하는 박사며 교수며 다 오신 걸로 알고 있습니다. 하지만 내가 내는 문제는 결코 쉽지 않을 것입니다. 먼저 내 딸을 소개하지요."

무대 뒤에서 아리따운 여자가 걸어 나왔다. 갈색 머리에 하얀 얼굴의 여자가 연두색 원피스를 입고 있는 모습은 하늘에서 내려온 선녀 같았다. 살짝 웃는 얼굴에는 보조개도 들어갔다. 지원자들은 하나같이 넋을 잃고 말았다.

"허허허, 내 딸이지만 참 곱죠? 부디 예쁜 내 딸의 배필을 오늘 이 자리에서 꼭 만나길 바랍니다. 이 문제는 우리 할아버지 대부터 지금까지 단 한 사람도 풀지 못했던 문제입니다. 결코 쉬운 문제가 아닙니다. 그럼 문제를 내겠습니다. 제한 시간은 한 시간입니다. 그리고 문제는 한 문제입니다. 모두들 행운을 빕니다."

무대 스크린에 영상이 떠올랐다.

"자, 이것은 우리 성의 지도입니다. 성은 사면이 정사각형의 성벽으로 둘러싸여 있습니다. 그리고 각 성벽의 가운데에는 문이 하나씩 있습니다. 북문에서 3km 북쪽에는 멋진 나무가 서 있고, 성벽이 나무보다 높습니다. 여기서 문제는 바로 성벽 한 변의 길이를 구하는

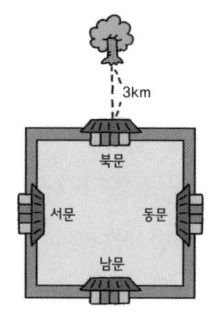

것입니다. 단, 벽의 길이를 직접 잴 수는 없습니다. 이 답을 구하

는 방법을 가장 먼저 제시하는 사람이 내 딸과 결혼할 수 있습니다. 또한 동시에 이 성의 주인이 되는 것입니다. 하하하!"

지원자들은 모두들 어리둥절한 표정이었다. 몇몇은 아예 문제를 내는 도중에 밖으로 나가 버렸다.

"저게 뭐야? 어떻게 저걸 알아내지? 참, 나!"

"내가 이럴 줄 알았지. 무슨 장난하는 것도 아니고. 그냥 집에나 가야겠다."

시간이 흐를수록 사람들도 점점 줄어들었다. 나잘난 씨도 난감하기는 마찬가지였다. 그동안 어려운 수학 문제나 법칙들을 거침없이 해결했던 그였지만, 이번 왕갑부 씨의 수학 문제는 영 풀릴 기미가 보이지 않았다.

'휴우, 이걸 어떻게 풀어야 하지? 자로 잴 수도 없다고 하고. 답이 없는 건가?'

"잘난아, 나는 갈래. 너도 같이 나가자."

"잠깐! 조금만 더 생각해 보고."

"이건 문제 자체가 말도 안 돼. 답은 없다고. 괜히 시간 낭비하지 말고 그냥 돌아가자."

하지만 잘난 씨는 자리에서 일어나지 않았다. 엉뚱 씨는 혼자 일어나 문을 나섰다. 잘난 씨는 땀을 뻘뻘 흘리며 종이에 무언가를 계속 긁적이고 있었다.

"자, 이제 30분 남았습니다."

친절하게도 안내 방송이 흘러나왔다. 이제 남은 지원자는 열 명도 채 되지 않았다. 여덟 명의 지원자들은 열심히 문제를 푸는 듯 보였지만, 딱히 답을 내놓는 사람은 한 명도 없었다.

"이제 10분 남았습니다."

잘난 씨는 점점 조급해졌다. 하지만 방법이 도무지 떠오르지 않았다. 결국 자리에서 일어나 문을 막 나서기 직전, 다시 한 번 스크린에 있는 성의 지도를 보았다.

'어휴, 저건 도저히…… 앗!'

그때였다. 순간 잘난 씨의 머리를 스치고 지나가는 것이 있었다. 나가려던 문을 도로 닫고 자리로 돌아왔다. 그리고 종이에 죽 써 내려갔다. 잠시 후, 그의 얼굴에 환한 미소가 번졌다.

"제가 이 문제의 답을 알아냈습니다."

남아 있던 지원자들과 왕갑부 씨는 깜짝 놀란 얼굴로 잘난 씨를 쳐다보았다.

"자네가 정말 이 문제의 답을 구했다는 건가?"

"네, 물론입니다. 회장님이야말로 약속대로 따님과 이 성을 주시는 겁니까?"

"당연하지! 난 약속한 건 꼭 지키는 사람일세. 그렇게 자신이 있나? 뜸들이지 말고 어서 답을 말해 보게."

"성벽의 길이는 2km입니다."

"어떻게 해서 그런 답이 나왔지?"

"처음에는 아주 복잡하게 생각했는데 의외로 단순한 문제였습니다. 저는 남문을 나와 남쪽으로 4km 간 곳에서 서쪽으로 3km 가면 처음으로 나무가 보이는 것을 이용했습니다."

순간, 회의장 안에 침묵이 흘렀다. 왕갑부 씨가 정적을 깨며 박수를 쳤다.

"허허허, 아주 훌륭하군! 자네야말로 내가 찾던 사윗감이야. 하하하, 그래! 자네의 수학 실력을 인정하도록 하지. 이 정도면 내 사위가 될 만해."

그렇게 며칠 후에 나잘난 씨는 약속대로 왕갑부 씨의 아름다운 딸과 성대한 결혼식을 올리게 되었다.

"말도 안 돼! 이건 사기극이야!"

"처음부터 다 정해져 있었던 거야. 그런 말도 안 되는 문제를 풀 수 있는 방법은 없어. 왕갑부 씨가 돈으로 수많은 청년들을 희롱한 거라고."

"이대로 넘어갈 수 없어. 모두들 왕갑부 씨를 고소합시다."

이에 의심을 품고 있던 수많은 도전자들은 왕갑부 씨와 나잘난 씨가 서로 짜고 일을 꾸민 거라며, 두 사람을 수학법정에 고소하기로 했다.

닮음을 이용하여 비례식을 세우고 방정식을 이용하면
자로 재지 않고도 성벽의 길이를 잴 수 있습니다.

여기는 수학법정

나잘난 씨는 어떻게 성벽의 길이를
알 수 있었을까요?
수학법정에서 알아봅시다.

재판을 시작합니다. 먼저 원고 측 변론하
세요.

물체의 길이를 재려면 물체에 자를 가져다
대야 합니다. 그래야 정확하게 물체의 길이를 측정할 수 있지
요. 그런데 나잘난 씨는 성벽의 길이를 대충 찍어서 우연히
맞춘 거라고밖에는 볼 수 없습니다. 그러므로 이번 대결은 무
효라고, 본 변호사는 생각합니다.

피고 측 변론하세요.

비례 방정연구소의 김비방 소장을 증인으로 요청합니다.

노란 티셔츠를 입은 곱슬머리의 30대 남자가 증인석
에 앉았다.

도구를 이용하여 직접 재지 않고도 성벽의 길이를 알 수 있
습니까?

닮음을 이용하여 비례식을 세우면 됩니다.

그게 무슨 말이죠?

 우선 물체가 보이는 조건과 보이지 않는 조건을 생각해야 합니다. 다음 그림을 보세요.

 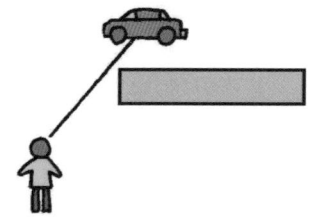

 물체와 사람 사이에 가리는 것이 없어야 보이죠? 이 점을 이용하면 됩니다.

 그게 무슨 말이죠?

 성벽 한 변의 길이를 x라 하고 주어진 조건을 그림으로 그리면 다음과 같습니다.

그림에서 A는 나무의 위치, E는 북문을 나타내지요.

 어떻게 x의 값을 구하죠?

 삼각형 ADE와 삼각형 ABC는 닮음이니까 닮음비를 이용하면 DE

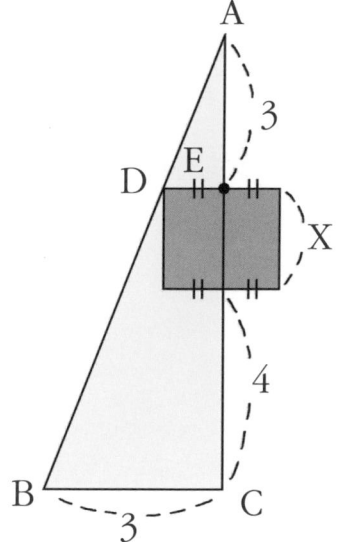

$= \frac{x}{2}$ 이므로 $3 : \frac{x}{2} = (3+x+4):3$이 됩니다. 비례식에서는 내항의 곱과 외항의 곱이 같으므로 $\frac{x}{2}(x+7) = 9$가 됩니다.

양변에 2를 곱하면 $x(x+7)=18$이 되고, 이때 x의 값은 양수가 되어야 합니다. 그런데 18은 2×9이고 9는 $2+7$이므로 $x(x+7)=2 \times (2+7)$이 됩니다. 즉, 이 식을 만족하는 x의 값을 구하면 $x=2(km)$가 됩니다. 그러므로 성벽 한 변의 길이는 2km지요.

나잘난 씨의 수학 실력은 정말 대단하군요. 판사님 판결 부탁드립니다.

증인이 자료 화면을 통해 보여 준 대로 닮음과 방정식을 이용하여 성벽 한 변의 길이를 잴 수 있다는 게 입증되었으므로, 나잘난 씨가 대결에서 승리했음을 다시 한 번 알려 드립니다.

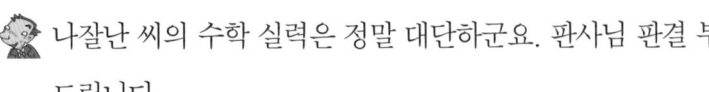

삼각형의 닮음

두 삼각형의 닮음 조건은
다음과 같다.

① 세 쌍의 대응변의 길이가
   같다. (SSS 닮음)
② 두 쌍의 대응변의 길이의
   비가 같고, 그 끼인각의 크
   기가 같다. (SAS 닮음)
③ 두 쌍의 대응각의 크기가
   각각 같다.

커튼 고리의 개수

커튼을 달 때 필요한 커튼 고리의 개수는 어떻게 구할까요?

알뜰 주부 장똑순 씨. 그녀의 살림 솜씨는 입 소문을 타고 방송국에까지 알려졌다. SBC 방송국에서는 장똑순 씨의 집을 방문하여 그녀만의 인테리어, 살림 노하우를 취재하기로 했다.

"방송국에서 취재를 나오면 텔레비전에 나올 테고, 그럼 우리 집이 모든 사람들한테 공개된다는 말인데…… 예쁘게 꾸며야 해. 난 프로 주부니까. 호호호!"

장똑순 씨는 이른 새벽, 남대문 시장에 나갔다. 인테리어에 필요한 천과 소품들, 인조 보석 등을 골라 차에 한가득 싣고 집으로 돌아왔다. 망치와 못 등, 연장을 챙겨 가지고 그녀만의 작업실로 들어가 일주일 동안 여러 가지 소품을 만들었다. 방송국에서 취재 나오기 전날, 그녀는 하루 종일 집안 청소를 하느라 밥도 제대로 못 먹었다. 먼지 하나 없는 집은 마치 모델하우스 같았다. 드디어 방송국에서 취재를 나온 날.

딩동, 딩동!

똑순 씨는 마치 전혀 몰랐다는 듯이 문을 열고 깜짝 놀라는 척 연기를 했다.

"어머나, 무슨 일로 저희 집을…… 호호호!"

"알뜰한 살림 솜씨로 최근 인터넷에서 '프로 주부 똑순 씨'로 인기 검색어 1위에 오르셨어요. 장똑순 씨만의 살림 노하우를 배우기 위해 저희가 이렇게 직접 방문했습니다."

"프로 주부요? 너무 과찬의 말씀이세요. 호호호, 누추하지만 들어오세요. 청소도 제대로 안 했는데…… 호호호!"

리포터와 카메라 감독을 비롯한 스태프들은 집 안에 들어서자 깨끗하고 예쁘게 꾸며진 집에 감동했다.

"시청자 여러분 안녕하십니까? 오늘은 인터넷 검색어 1위, 프로 주부 장똑순 씨의 집을 방문했습니다. 들어오는 입구부터 벌써 심상치가 않습니다. 정말 대단합니다. 먼지 하나 없이, 개미가 들어왔다가 미끄러질 정도입니다. 그럼 예쁜 집의 주인이신 장똑순 씨를 소개하겠습니다."

장똑순 씨는 화려한 꽃무늬 앞치마를 두르고 수줍은 듯 카메라 앞에 섰다.

"갑자기 오시는 바람에 집이 정리가 안 되서 좀 지저분한데……
호호호! 안녕하세요? 프로 주부 장똑순입니다."

"예, 집이 정말 아름답네요. 직접 인테리어를 하신 거예요?"

"물론이죠. 제가 인테리어에 조금 관심이 있어서요. 남대문 시장
에 새벽 일찍 가면 좋은 원단과 재료들을 싸게 구입할 수 있어요."

카메라가 거실을 비추었다.

"저는 이 소파가 특히 마음에 드는데요. 이것도 직접 천을 골라
꾸미신 겁니까?"

"네, 이 소파는 패브릭이라는 고급 천을 시장에서 싸게 구입해
한번 해 보았는데 생각보다 너무 예쁘게 되었어요. 저희 남편과 아
이들도 매우 좋아한답니다. 호호호!"

거실을 둘러본 후 베란다로 자리를 옮겼다. 장똑순 씨는 갑자기
당황하여 말했다.

"저기, 잠깐만 카메라 좀 꺼 주시겠어요?"

"네? 무슨 문제라도 있으십니까?"

"베란다는 청소를 안 해서…… 물건들이 너저분하게 쌓여 있으
니까 그쪽은 찍지 말아 주세요."

스태프들은 장똑순 씨의 말에 베란다를 쳐다보았다. 먼지 쌓인
물건들이 정신없이 나뒹굴고 있었다. 조금 어리둥절했지만 리포터

는 재치 있게 주방 쪽으로 촬영 장소를 옮겼다.

'알뜰 프로 주부라더니…… 베란다에다 지저분한 거는 다 처박아 뒀네. 내숭쟁이!'

"자, 이제 주방으로 자리를 옮겼는데요. 주방에서 주부님들이 가장 궁금해하시는 냉장고를 한 번 살펴보도록 하겠습니다."

장똑순 씨는 당황한 척하며 너스레를 떨었다.

"어머, 냉장고 정리가 되어 있나 모르겠네. 호호호!"

냉장고 문을 열자 반찬통들이 일렬종대로 줄을 서 있었고, 음료수들은 한 번도 먹지 않은 모형처럼 채워져 있었다. 그야말로 가전제품 매장에 있는 냉장고 속 같았다.

"이야! 정말 대단한 살림 솜씨입니다. 냉장고가 너무 깔끔하네요. 하나의 흐트러짐도 없습니다."

"제가 조금 결벽증이 있어서요. 호호호!"

가식적인 장똑순 씨의 모습에 스태프들은 기가 막혔다.

촬영 도중 잠시 쉬는 시간을 갖게 되었다. 장똑순 씨는 미리 준비해 놓은 간식과 차를 내왔다.

"스태프 분들, 이거 드시고 좀 쉬세요. 호호호, 카메라 감독님, 저희 집 예쁘게 찍어 주세요."

"예~ 잘 먹겠습니다."

리포터가 비꼬듯이 말했다.

"장똑순 씨, 다음은 침실이랑 욕실 촬영할 건데 치우실 거 있으면 미리 치우세요."

"미리 치우긴요. 자연스러운 모습을 보여 드려야죠. 호호호!"

손사래를 치던 똑순 씨는 혹시나 하는 마음에 침실로 들어갔다.

'아뿔싸!'

침실 커튼을 깜박하고 달지 못했던 것이다. 당황한 똑순 씨는 스태프들에게 달려왔다.

"저기, 침실은 촬영을 안 했으면 하는데요."

"네? 베란다는 몰라도, 침실은 인테리어의 핵심이라 그건 좀 곤란한데요. 침실만 찍는 경우는 있어도 침실만 빼는 건 좀……."

똑순 씨는 자신의 완벽한 인테리어의 치명적인 실수를 들킬까봐 안절부절못했다.

"그럼, 30분만 시간을 주세요. 그동안 좀 쉬고 계시면 되잖아요."

"30분은 너무 길고…… 20분 뒤에 다시 촬영하도록 하죠."

스태프들은 모두 거실에서 편하게 앉아 텔레비전을 보았다. 다급한 똑순 씨는 집 근처 커튼 가게에 전화를 걸었다.

"여기 백합아파트 103동 507호예요. 침실 커튼이 급하게 필요한데요."

"어떤 스타일을 원하시는지, 직접 오셔서……."

"급해요. 지금 당장 달아야 해요. 그냥, 고급스럽고 예쁜 걸로 갖다 주세요. 빨리요!"

"가장 비싼 거요? 커튼 고리는요?"

"고리도 제일 좋은 걸로요!"

"제일 좋은 걸로 고리에 보석이 달린 게 있는데, 고리 하나당 가격이 2달란입니다."

"네? 고리 하나에 2달란이라고요?"

장똑순 씨는 시계를 쳐다보았다. 이미 5분이 지나갔다.

"알았어요. 일단 가져와요. 그리고 커튼은 안 보이게 까만 비닐에 넣어 오세요!"

"그럼 고리가 몇 개 필요한지 체크해 보겠습니다. 고리는 2cm 간격으로 달면 되겠죠? 그리고 양끝에도 달아야 보기 좋아요."

주인은 이렇게 말하고는 준비해 온 2cm 간격으로 잴 수 있는 막대로 고리를 달 곳에 점을 찍었다. 점의 개수는 모두 25개였다.

"25개의 고리가 필요하군요. 그럼 바로 고리를 가지고 오겠습니다."

주인은 이렇게 말하고는 쏜살같이 집을 나섰다.

모두 초조하게 기다리고 있는데 3분 정도가 지나자 커튼 가게 주인이 초인종을 눌렀다.

딩동~.

촬영팀들은 모두 현관 쪽을 바라보았다. 장똑순 씨는 재빠르게 문을 열며 말했다.

"동네 아는 분이 놀러 오신 거예요. 호호호~ 다들 신경 쓰시지 말고 텔레비전 보세요."

리포터는 의심스러운 눈으로 커튼 가게 주인을 바라보았다.

"저기, 이제 10분 남았습니다."

똑순 씨는 허겁지겁 커튼을 꺼냈다. 커튼 가게 주인이 커튼을 달기 위해 의자 위로 올라섰다.

"자, 이제 답니다."

"잠깐만요. 고리 값이 너무 비싸요. 2cm 말고, 4cm 간격으로 하면 안 되나요?"

커튼 가게 주인은 잠시 생각하다가 고개를 끄덕이며 말했다. 그리고는 4cm 간격으로 고리를 설치했다.

"모두 13개입니다."

"13개요? 좀 이상하군요. 2cm 간격으로 할 때 25개가 필요하다면 4cm 간격으로 할 때는 그 절반인 12.5개가 되고 0.5는 대충 버리고 12개면 될 거 같은데……."

똑순 씨가 머릿속으로 계산을 하려는데 리포터의 말소리가 들려왔다.

"장똑순 씨, 시간 다 됐습니다. 촬영합시다."

"아저씨, 일단 급하니까 커튼을 달아 주세요. 이따 방송국 사람들 가고 나면 다시 얘기해요."

멋진 커튼을 딘 침실은 무시히 촬영을 끝냈다.

"수고하셨습니다. 다음 주쯤 방송에 나갈 예정입니다. 안녕히 계세요."

촬영팀이 가자 장똑순 씨는 커튼의 고리 개수가 의심스러워졌다.

'분명히 그 커튼 가게 주인이 비싼 고리 하나를 더 팔아먹으려고 많이 단 것 같아.

다음 날, 장똑순 씨는 커튼 고리의 개수를 알아보기 위해 수학법정에 의뢰하였다.

커튼의 길이를 알고 4cm 간격으로 커튼 고리를 단다면
'4cm×(x−1)=전체 길이' 라는 식을 세워 x의 값,
즉 커튼 고리 개수를 구할 수 있습니다.

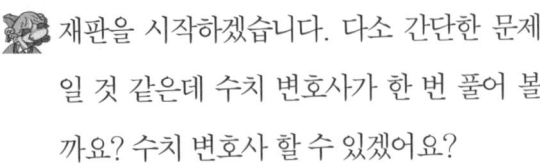

48cm 길이 커튼에 4cm 간격으로 커튼 고리를 달면 고리는 몇 개가 필요할까요? 수학법정에서 알아봅시다.

🎩 재판을 시작하겠습니다. 다소 간단한 문제일 것 같은데 수치 변호사가 한 번 풀어 볼까요? 수치 변호사 할 수 있겠어요?

😀 글쎄요, 판사님이 저한테 수학 문제를 맡기시다니 너무 용감하신데요. 하하하! 판사님이 저에게 기회를 주시는 건 감사합니다. 제 생각에, 언뜻 보니 이 문제는 커튼 길이를 구해야 풀릴 것 같은데요.

🎩 이야, 무궁한 발전인데요. 서당개 3년이면 풍월을 읊는다더니 커튼 길이를 구해야 한다는 걸 알았단 말입니까? 그럼 계속 변론해 보세요.

😀 저, 그게…… 그 뒤는 잘 모르겠는데요.

🎩 엥? 무슨 말이에요? 그럼 그게 끝이란 말이에요? 무슨 말을 못하겠네요. 알았습니다. 우리의 희망 매쓰 변호사의 변론을 들어 봅시다.

😀 수치 변호사가 문제는 겨우 파악했군요. 그 뒤는 제가 맡아서 풀어 보겠습니다. 수치 변호사의 생각처럼 커튼 길이를 먼저 구하고 고리 개수를 찾는 것이 좋겠습니다.

고리를 2cm 간격으로 25개 단다고 했으니 커튼의 총 길이는 $2 \times 25 = 50cm$ 아닐까요?

보통의 경우 그렇게 생각할 수 있죠. 하지만 잘못된 계산입니다. 예를 들어 고리를 2cm 간격으로 3개를 달면 다음과 같죠.

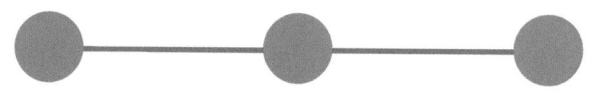

그러니까 고리와 고리 사이의 간격은 3개가 아니라 2개가 되어 전체 길이는 $2 \times 2 = 4cm$가 됩니다. 그러니까 고리 25개를 2cm 간격으로 달면 전체 길이는 $24 \times 2 = 48cm$가 됩니다. 그런데 다시 4cm 폭으로 고리를 달기로 했으니 앞의 식에서 2cm를 4cm로 바꾸어 식을 만들면 이것도 전체 길이가 되죠. 4cm 폭으로 고리를 달 경우에 고리 개수를 x로 놓고 식을 세우면 $4cm \times (x-1) = 48cm$가 됩니다.

식을 풀어 봐야죠. 먼저 양변을 4로 나누면 되겠군요. 이제 저도 수학 좀 하는 거 맞죠? 하하!

그렇습니다. 양변을 4로 나누면 $x-1 = 12$가 되고 다시 양변에 1을 더하면 x의 값은 13이 되어 13개의 고리가 필요한 것

을 알 수 있습니다.

 그럼 판결합니다. 고리를 4cm 간격으로 설치할 때 필요한 고리의 개수는 13개가 맞습니다. 그러므로 똑순 씨는 고리 가게 주인에게 13개의 고리값을 지불하는 것이 옳다고 판결합니다.

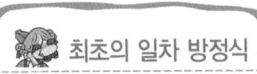 최초의 일차 방정식

세계 최초의 일차 방정식 풀이 법은 이집트 사람이 알아냈다. 이집트에서 만들어진, 세계에서 가장 오래된 수학책인 《린드 파피루스》에는 한 개의 미지수를 가지는 일차 방정식이 소개되어 있다.

재수생의 시험 횟수

시험 점수만으로 시험 친 횟수를 구할 수 있을까요?

오삼수 씨는 떨리는 마음으로 수화기를 들고 한국 대학교 합격자 발표 ARS 번호를 눌렀다. 안내 멘트가 나오고 수험 번호를 조심스럽게 눌렀다. 클래식 음악이 흐르고 조회 중입니다, 라는 기계 음성이 들렸다.

"불합격입니다."

삼수 씨는 눈물을 흘리며 수화기를 내려놓았다. 그렇게 대학 수학 능력 시험에 떨어지자 눈물을 닦으며 독한 마음으로 재수를 하기로 결정했다.

"어머니, 아버지! 저 이번에는 꼭 열심히 해서 합격하겠습니다."

"그래, 마지막이다, 생각하고 최선을 다해라. 절대 딴 짓 하면 안 된다. 공부 외에는 아무 생각도 하지 마라."

"합격할 때까지는 집에 돌아오지 않겠습니다."

삼수 씨는 비장한 각오를 하고 곧장 재수를 위해 노량진으로 갔다.

"여기가 재수, 삼수생들이 많다는 고시촌인가 보군."

삼수 씨는 합격 학원 근처에 고시원을 잡았다. 고시원 생활은 너무 힘들었다. 창문도 없는 비좁은 방은 침대와 책상만으로도 꽉 찼다. 잠자고 밥 먹을 때를 제외하고는 공부만 했다.

그렇게 며칠이 지나고 모의고사 날이 다가왔다. 모의고사를 신청하기 위해 합격 학원으로 갔다. 학원 앞에는 이미 많은 학생들이 줄을 서 있었다.

"자, 여러분. 모의고사 한 번 응시하는 데 만 원입니다. 열 번의 응시권을 사는 분께는 특별히 문제집을 한 권 드립니다. 선착순 100분께만 드리는 기회입니다. 어서 서두르세요!"

'수능 시험 볼 때까지 모의고사는 열 번도 넘게 볼 텐데…… 열 번 응시권을 사 두는 게 이익일 거야.'

삼수 씨는 재빨리 달려가 열 번 응시권을 구매했다.

"하하하! 역시 난 빨라. 따라올 테면 따라와 봐!"

하지만 첫 모의고사 성적은 기대와는 다르게 저조했다. 실망한 삼수 씨는 잠을 줄여서라도 성적을 올리기 위해, 하루에 네 시간만 자면서 정신없이 공부했다. 학원 친구들은 그런 삼수 씨를 보며 경악을 금치 못했다.

"야, 오삼수! 너 공부 열심히 하는 것도 좋지만, 우리들 생각은 안 하냐? 이기적인 것!"

삼수 씨는 문제집을 푸느라 친구들 말도 귀에 들어오지 않았다. 친구들이 책을 가로채며 말했다.

"삼수야, 세수 좀 하고, 머리도 좀 감아라. 도대체 며칠 동안 안 씻은 거야?"

"내일이 두 번째 모의고사란 말이야. 씻을 시간이 어디 있냐?"

삼수 씨는 책을 다시 뺏어 들고 문제를 풀기 시작했다.

"대단하다, 오삼수! 아주 하버드대라도 가시겠어. 그래도 그렇지, 완전 폐인이구먼!"

친구들의 비아냥거림에도 삼수 씨는 까딱하지 않았다. 그렇게 두 번째 모의고사를 치렀다.

"앗싸!"

평균이 10점이나 올랐다. 학원에서도 삼수 씨의 성적은 화제가 되었다. 삼수 씨의 얼굴과 수기가 학원 광고지에 실렸다.

"야, 정말 대단하다. 한 달 만에 평균을 10점씩이나 올리고. 완전 멋진데?"

"야, 그래도 안 씻고 노숙자처럼 다니는 거 보면 하나도 안 부럽다. 쳇!"

삼수 씨는 시험을 보고 나자 그제야 친구들의 말이 귀에 들어왔다.

'내가 너무 안 씻었나? 킁킁~ 윽! 냄새! 안 되겠다. 얼른 씻으러 가야지.'

삼수 씨는 목욕탕에 가서 깨끗이 씻고, 학원 자습실로 돌아와 다시 펜을 잡았다.

"저어……."

아리따운 한 여학생이 다가와 옆자리에 앉았다. 삼수 씨는 여학생을 보자 첫눈에 반해 버렸다.

"저는 유미라고 해요. 오빠가 한 달 만에 10점 올린 사람 맞죠?"

"어? 어."

"저 공부 좀 가르쳐 주세요. 그러면 제가 매일 밥도 사 주고 음료수도 사 줄게요. 아잉~."

"어? 어."

유미의 외모에 넋이 나간 삼수 씨는 매일 유미의 공부를 봐 주느라 자신의 공부는 뒷전이었다. 모의고사도 보다 말다 하면서 성적은 올라갔다, 내려갔다를 반복했다. 반면 유미의 성적은 쑥 올랐다.

"삼수 오빠, 고마워요!"

삼수 씨의 어머니가 홀로 공부하는 아들 걱정에 고시원을 찾았다. 그런데 아들이 고시원 앞에서 어느 여학생과 이야기를 나누고 있는 게 아닌가. 어머니는 화가 나 소리쳤다.

"오삼수, 너! 하라는 공부는 안 하고 여자 애랑 뭐하는 거야?"

"엄마, 그게 아니라……."

"재수한다고 집에도 안 오고 공부만 한다기에 걱정돼서 왔더니만, 딴 짓이나 하고. 이 녀석, 당장 집으로 들어와. 그리고 학원도 옮겨!"

화가 난 삼수 씨의 어머니는 삼수 씨를 데리고 집으로 왔다.

"엄마, 저 성적 많이 올랐어요. 이제 대학도 무난히 갈 수 있는데…… 유미는 그저 공부 봐 주는 동생이란 말이에요!"

"뭐? 재수생이 남의 공부를 봐 줘? 시끄러워! 당장 학원부터 옮겨! 노량진 근처에는 가지도 마!"

어머니는 삼수 씨와 함께 학원으로 갔다. 학원 안내 데스크에서 여직원이 상냥하게 웃으며 그들을 맞았다.

"무엇을 도와드릴까요?"

"우리 아들이 여기 합격 학원에서 모의고사를 몇 번 봤다고 하던데…… 열 번 응시권을 샀대요. 근데 이제 여기서 안 볼 거니까 남은 응시권 환불해 주세요."

"잠시만 기다려 주세요. 확인해 볼게요."

직원은 키보드를 두드리며 모니터를 보았다. 그리고 고개를 갸우뚱하며 말했다.

"어머니, 오삼수 씨는 이미 모의고사 열 번을 다 본 걸로 나오는데요."

"네? 삼수야, 너 모의고사 열 번이나 쳤어?"

삼수 씨는 머리를 긁적이며 말했다.

"아뇨. 글쎄…… 몇 번 안 친 거 같은데……."

"시험 몇 번 안 봤다고 하잖아요. 다시 한 번 확인해 보시고 남은 횟수는 환불해 주세요."

"잠깐만요."

여직원이 컴퓨터를 다시 두드려 보고는 말했다.

"저기, 저희 데이터가 날아가서 자세한 거는 안 나오지만, 열 번 다 치신 걸로 나오는데요?"

삼수 씨와 어머니는 답답했다. 직원이 자리에서 일어나며 삼수 씨를 향해 말했다.

"그럼, 학생 평균이 어떻게 되죠?"

"지난번까지 평균이 84점이었어요. 마지막 시험은 94점이고, 평균은 85점이고요."

직원은 메모를 한 뒤, 학원 전단지를 건네주며 말했다.

"우선 집에 돌아가 계시면 컴퓨터가 고쳐지는 대로 학생이 시험에 몇 번 응시했었는지 알려 드리겠습니다. 다른 궁금한 사항 있으시면 이 전단지에 나와 있는 번호로 전화해 주세요."

삼수 씨와 어머니는 직원의 말만 믿고 학원 문을 나섰다. 그러나 며칠이 지나도 연락이 오지 않았다. 삼수 씨 어머니는 학원에 전화를 걸었다.

"여보세요, 2주일 전쯤에 모의고사 응시권 때문에 찾아갔던 사람인데요."

"예, 어머니. 저희가 아직 컴퓨터 복구를 안 해서요. 조금만 더 기다려 주세요."

"알았어요. 빨리 좀 처리해 주세요."

그렇게 한 달이 지났다. 학원에서는 연락이 없었고, 전화를 다시 걸자 또 복구가 늦어진다는 말뿐이었다. 화가 난 삼수 씨의 어머니는 수학법정에 학원을 고소하였다.

분수로 된 방정식에서 분수를 없애려면
모든 항에 분모들의 최소 공배수를 곱해 주면 됩니다.

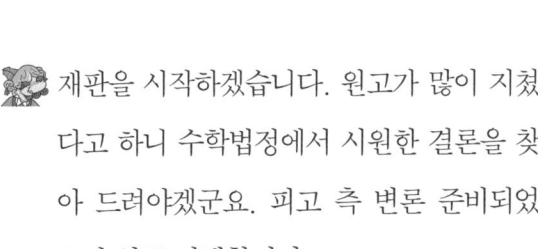

주어진 조건으로 모의고사 횟수를 구하는
방법은 뭘까요?
수학법정에서 알아봅시다.

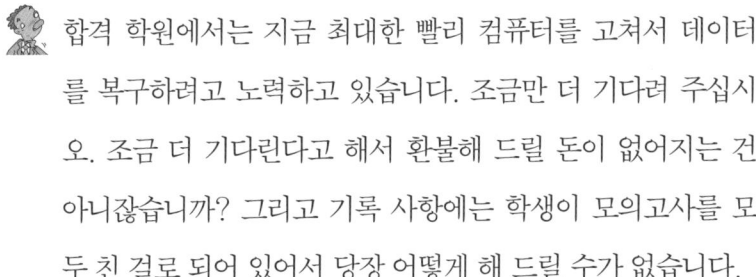

재판을 시작하겠습니다. 원고가 많이 지쳤
다고 하니 수학법정에서 시원한 결론을 찾
아 드려야겠군요. 피고 측 변론 준비되었
으면 얼른 진행합시다.

합격 학원에서는 지금 최대한 빨리 컴퓨터를 고쳐서 데이터
를 복구하려고 노력하고 있습니다. 조금만 더 기다려 주십시
오. 조금 더 기다린다고 해서 환불해 드릴 돈이 없어지는 건
아니잖습니까? 그리고 기록 사항에는 학생이 모의고사를 모
두 친 걸로 되어 있어서 당장 어떻게 해 드릴 수가 없습니다.

너무 무책임한 말씀 아닌가요? 지금까지 한 달이 지나도록
컴퓨터를 고치지 않았다는 건 결국 환불해 줄 의사가 없다는
것 아니겠습니까? 합격 학원은 원고에게 아무런 연락도 하지
않았다고 합니다.

그럼 원고 측에서 이 문제를 해결할 좋은 대안이 있으면 의견
을 내 보세요.

수능성적관리위원회에 의뢰한 결과 학생의 성저을 바탕으로
시험 치른 횟수를 계산할 수 있다는 통보를 받았습니다. 수능

성적관리위원회의 회장 장으뜸 씨께서 나와 주셨습니다. 장
으뜸 씨를 증인으로 요청하는 바입니다.

 요청을 받아들이겠습니다. 증인은 증인석으로 나와 주세요.

　깔끔한 정장에 무테 안경을 쓴 깨끗한 이미지의 40대 초
반 남성은 정중하게 인사를 하고 자리에 앉았다.

 수능 관리에 막중한 책임을 지고 계셔서 바쁘실 텐데 자리해
　주셔서 감사합니다. 수능 성적을 관리하신다니 이 문제를 명
　쾌하게 해결해 주셨으면 합니다.
　오삼수 학생이 모의고사를 몇 번 쳤는지 알 수 있을까요?

 학생의 성적 정보를 말씀해 주시겠습니까?

 지난번까지의 평균은 84점이고, 마지막 성적은 94점이라고
　합니다. 그리고 마지막까지 친 시험의 평균은 85점입니다.

 시험 친 총 횟수를 모르는 값 x로 두고 평균값을 구하는 식을
　이용하면 되겠군요. 전체 횟수에서 마지막 시험 한 번을 뺀
　$(x-1)$회에 지난번 성적까지의 평균인 84를 곱하면 $84 \times (x-1)$이 되고, 이는 지난번까지 성적의 총합이 됩니다. 마지막
　시험 성적은 94점으로 알고 있으니 두 식을 합하면 전체 성적
　의 총합이 되는 거죠. 전체 성적의 총합은 $84 \times (x-1) + 94$ 입
　니다.

이 방정식이 얼마를 의미하는지 값이 없군요. 이 식만으로는
계산이 불가능한데요.

물론 조건이 하나 더 남았습니다. 전체 성적의 평균은 85니까
전체 성적을 총 시험 친 횟수 x로 나누면 전체 성적의 평균을
구하는 식이 됩니다. 방정식을 세워 볼까요?

$$\frac{84(x-1)+94}{x}=85$$

계산할 때 분수를 먼저 없애 주면 좋을 것 같은데요.

분수를 없애려면 양변에 x를 곱하면 되겠죠.

x를 곱하면 $84(x-1)+94=85x$입니다.

방정식을 풀어야겠군요. 분배법칙으로 괄호를 풀면,

$$84(x-1)+94=85x$$

$$84x-84+94=85x$$

x항을 한쪽 변으로 모아야겠군요. 양변에서 $84x$를 빼면 x값
은 10이 됩니다. 즉 오삼수 학생이 모의고사를 친 횟수는 10
인 거죠.

명쾌합니다. 그럼 판사님, 판결 부탁드립니다.

복잡한 문제인 줄 알았는데 방정식을 이용하니까 간단하군요.
그렇다면 오삼수 학생은 시험을 열 번 모두 치른 것으로 인정
합니다. 그러므로 오삼수 학생이 환불 받을 돈은 없습니다.

재판 후 오삼수 학생은 재판 결과를 인정하였다. 그리고 다시 돈을 지불하여 열 번의 시험을 등록했다. 그 뒤 열공하여 자신이 원하는 대학에 합격했다.

이차 방정식의 근의 공식

이차 방정식은 두 개의 근을 갖는데, 일반적으로 두 근을 구하는 공식을 '근의 공식'이라고 한다. 이차 방정식의 근의 공식은 인도의 수학자 브라마굽타가 628년에 발표한 그의 저서에 처음 실었다.

강물의 속력을 알아야죠!

방정식을 이용하여 강물의 속도를 구할 수 있을까요?

작은 강을 사이에 두고 위치한 두 마을이 있었다. 곰 마을과 호랑이 마을은 아주 오래전부터 사이가 좋지 않아 왕래를 하지 않았다.

"우리 곰 마을은 참을성이 많고, 남을 배려할 줄 아는 선비의 마을입니다. 건너편의 포악한 호랑이 마을과는 한마디의 대화도 해서는 안 될 것입니다. 모두들 명심하세요. 으흠!"

곰 마을의 이장인 최돌쇠 씨는 마을 사람들을 모아 놓고, 건너편 호랑이 마을 사람들에게까지 들릴 정도의 큰소리로 말했다. 호랑이 마을에서도 회의가 열리고 있었다. 마을 대표 장대범 씨는 곰 마을 이장을 노려보며 말했다.

"여러분, 저렇게 느려터진 곰 마을 사람들과는 상종도 해서는 안 됩니다. 자고로 우리 호랑이 마을의 조상님들은 용맹스럽고 남자다운 최고의 장군들이셨습니다. 절대로 바보스러운 곰 마을 사람들과는 어떤 왕래도 하지 않으셨다는 걸 명심하시기 바랍니다."

'흥!'

두 마을의 이장들은 서로를 못 잡아먹어서 안달이 날 정도로 사이가 좋지 않았다.

그러던 어느 날, 곰 마을의 이장 딸인 최고운이 강가에 나와 빨래를 하고 있었다. 고운이는 곰 마을에서 가장 예쁜 여자 아이로, 남자아이들에게는 선망의 대상이었다. 하얀 피부와 큰 눈은 어딜 가나 눈에 띄었다. 그때 건너편에서는 호랑이 마을 이장 아들인 장구니가 친구들과 물장난을 치고 있었다.

"구니야, 우리 공이 곰 마을 쪽으로 흘러간다."

물살에 공이 흘러가고 있었다. 공을 잡기 위해 손을 내밀다가 넘어져 그만 정신을 잃은 구니는 곰 마을 쪽으로 떠밀려 갔다.

"얘, 정신이 드니?"

눈을 뜬 구니는 예쁜 고운이의 얼굴을 보고 첫눈에 반해 버렸다. 마치 선녀 같은 고운이의 모습에서 눈을 뗄 수가 없었다.

"괜찮아? 너 호랑이 마을에 사는 아이니?"

"어? 아니, 나, 곰 마을!"

"그래? 정말 다행이다. 호랑이 마을이었으면…… 아니야."

구니는 고운이를 따라 곰 마을 이장 집으로 들어갔다. 저녁을 준비하던 고운이의 어머니가 구니를 반갑게 맞아 주었다.

"어머, 너는 처음 보는 아이구나. 어디 사니?"

"예? 저기, 저어기 살아요."

"녀석도 참…… 주소를 모르는구나. 호호호~."

저녁을 맛있게 먹고 있는데 이장 최돌쇠 씨가 들어왔다. 돌쇠 씨는 밥을 먹고 있는 구니를 유심히 살폈다.

"너 우리 마을에 사는 아이가 맞니?"

"네?"

당황한 구니는 고개를 푹 숙였다. 혹시라도 자신을 알아볼까 봐 두려웠다.

"우리 마을 사람들은 모두 왼손잡이인데, 너는 오른손으로 밥을 먹고 있구나."

"저기 멀리 산다고 하던데, 혹시 팬더 마을 아이가 아닐까요?"

고운이의 어머니가 웃으며 말했다. 다행히도 돌쇠 씨는 아내의 말에 의심의 눈초리를 지웠다.

"그래? 팬더 마을이라면 우리 이웃 마을인데…… 호랑이 마을만 아니면 됐지 뭐. 어서 먹어라."

구니는 꾸역꾸역 밥을 먹고 그 집에서 나왔다.

"구니야, 더 늦기 전에 어서 집으로 돌아가. 내일 다시 만나서 놀자."

고운이는 눈웃음을 보이며 말했다. 구니는 고민했다.

'고운이한테 내가 호랑이 마을 사람이라고 사실대로 말할까?'

"고운아, 실은 나 호……."

"응? 참, 너도 저기 호랑이 마을 사람들 조심해. 포악한 성격이라 아마도 네가 호랑이 마을 쪽으로 떠내려갔으면 벌써 큰일 났을지도 몰라. 알았지?"

구니는 망설이다가 고운이의 말을 듣고 그냥 돌아섰다. 그때였다. 곰 마을 이장 최돌쇠 씨가 집 밖으로 나오며 말했다.

"너, 이 녀석! 호랑이 마을 사람이구나."

"네?"

당황한 구니는 도망치기 위해 허겁지겁 달렸다. 최돌쇠 씨는 빠르게 뒤쫓아 구니를 잡았다.

"지금 뉴스에서 네가 실종되었다고 나오는구나. 당장 우리 마을에서 나가라! 그리고 고운이, 너도 다시는 이 호랑이 마을의 포악한 녀석을 만날 생각하지 마라! 알았지?"

"아빠……."

고운이는 구니를 바라보았다. 구니는 고개를 푹 숙인 채 호랑이 마을로 돌아갔다.

집으로 돌아온 구니는 고운이의 얼굴이 자꾸 떠올라 아무것도

과학공화국
수학법정 6

할 수가 없었다.

"구니야!"

호랑이 마을의 이장 장대범 씨는 넋을 놓고 있는 아들이 걱정되었다.

"구니야!"

"네, 네?"

"무슨 생각을 그렇게 하는 게냐? 지난번 강가에서 실종되고 돌아온 후로 정신을 못 차리는구나. 무슨 일이 있었던 게냐?"

"아니에요. 아무 일도 없어요."

"그래? 그러면 됐다."

하지만 그날 이후 구니는 상사병에 걸려 시름시름 앓게 되었다. 밥도 먹지 못하고, 눈물만 흘렸다.

"아버지, 고운이가 너무 보고 싶어요."

"뭐? 고운이가 누군데 네가 이렇게 병까지 난 게냐?"

"곰 마을 이장님의 딸이에요."

"뭐라고? 곰 마을?"

"제가 지난번 강에 빠졌을 때 저를 구해 준 아이에요. 한 번만이라도 보고 싶어요, 아버지."

아픈 아들의 말이라 장대범 씨도 딱 잘라 거절할 수가 없었다.

한편 곰 마을에서도 같은 일이 일어나고 있있다. 고운이도 상사병에 걸려 누워 있었던 것이다.

"아버지, 구니가 너무 보고 싶어요."

"안 된다. 우리 마을과 원수지간의 마을이잖아. 어서 잊고 자리에서 일어나라."

"못 잊겠어요. 흑흑흑!"

양쪽 마을의 두 아이가 모두 병이 깊어지자, 두 이장은 급히 만남을 가졌다.

"으흠, 이보게 최 이장! 우리 아들이 아주 많이 아프다네."

"우리 딸도 마찬가지라네."

머뭇거리던 호랑이 마을 장 이장이 먼저 입을 열었다.

"우리 화해합시다. 아이들이 죽을 지경인데……."

"그럽시다! 두 아이를 위해서라면……."

극적으로 화해를 하게 된 두 마을은 서로 왕래를 하기 위하여 강에 다리를 놓기로 결정했다.

"교량을 건설하려면 강물의 속력을 알아야 어느 정도로 단단한 다리를 놓을지 결정할 수 있는데……."

"강물의 속력을 어떻게 해야 알아낼 수 있지?"

두 마을은 화해는 했지만 다리가 없어서 서로 왕래하기가 어려웠다. 자리에서 일어난 고운이와 구니는 그저 강가에서 서로를 바라볼 수밖에 없었다. 곰 마을의 최돌쇠 씨는 호랑이 마을의 장대범 씨에게 편지를 썼다.

"고민만 하다가는 끝이 없겠습니다. 우리 그러지 말고 이번 다리 문제를 수학법정에 의뢰합시다."

그렇게 두 마을의 교량 건설은 수학법정에 맡겨졌다.

구하려는 강물의 속도를 x라 하고 방정식을 세울 수 있습니다.
이때 내려갈 때의 속도는 (배의 속도)+x,
거슬러 올라갈 때의 속도는 (배의 속도)−x가 됩니다.

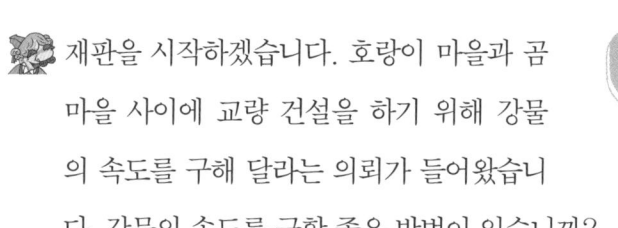

곰 마을과 호랑이 마을 사이의 강물 속도는
어떻게 구할 수 있을까요?
수학법정에서 알아봅시다.

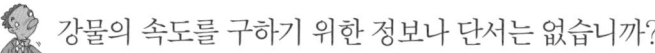

재판을 시작하겠습니다. 호랑이 마을과 곰
마을 사이에 교량 건설을 하기 위해 강물
의 속도를 구해 달라는 의뢰가 들어왔습니
다. 강물의 속도를 구할 좋은 방법이 있습니까?

강물의 속도를 구하기 위한 정보나 단서는 없습니까?

맞습니다. 물론 정보가 있어야 하지요. 오랜만에 수치 변호사가
옳은 말을 하는군요. 호랑이 마을과 곰 마을 사이를 배로 왕래
할 때 적어 두었던 정보를 보내왔습니다. 읽어 드리겠습니다.
20m/s로 속도를 내는 배를 타고 강물이 흐르는 방향으로
375m 내려갔다가 거슬러 제자리로 올라오는 데 40초가 걸립
니다.

이야, 너무 어려워요. 난 포기!

생각도 안 하고 포기라니요? 어쩜 그렇게 막무가내예요?

판사님, 걱정하지 마세요. 매쓰 변호사가 풀어 줄 겁니다. 흐
흐흐!

걱정은 무슨…… 수지 변호사 앞날이나 걱정하세요. 이거 변
호사를 교체하든지 해야지, 원!

흑! 판사님 무슨 그런 말씀을…… 제 성격 모르세요? 판사님
을 꽉 잡은 물귀신이라고요.

 아무튼 정신없어서 못살겠네. 조용히 하고 있으세요. 매쓰 변
호사 변론 준비는 되었나요?

 네. 이 문제는 제가 직접 설명해 드리기보다는 교량 건설 회
사를 다섯 개나 관리하고 있는 오다리 이사님을 모시고 말씀
드리는 게 나을 것 같습니다.

 그렇게 합시다. 증인석에 모시도록 하세요.

작업복을 채 벗지 못하고 허겁지겁 들어온 이사는 현장에
다녀오느라 복장 상태가 좋지 않은 점을 판사님께 정중히
사과하고 자리에 앉았다.

 우리나라에는 다리가 필요한 곳이 많죠? 안전한 다리를 위해
일하시느라 항상 애써 주셔서 감사합니다.

 우리나라에는 강과 바다가 많아 다리가 많이 건설되고 있고,
앞으로도 다리 건설은 망하지 않을 것 같습니다. 하하하!

 곰 마을과 호랑이 마을은 옛날부터 왕래가 없어서 두 마을 사
이에는 다리가 없다고 합니다. 지금은 배로 어렵게 왕래를 하
고 있다는데, 다리를 건설하려면 강물의 속도를 알아야 한다
는군요. 이사님께서 강물의 속도를 알아내기 위한 좋은 방법

을 제시해 주셨으면 합니다.

판사님께서 말씀하신 정보로 강물의 속도를 알아내는 것은 충분히 가능할 것 같습니다. 375m를 왕래하는 동안 강물이 흐르는 방향으로 내려갈 때의 속도는 강물이 배의 진행을 도와주는 역할을 하기 때문에 강물의 속도와 배의 속도를 합하고, 거슬러 올라갈 때의 속도는 강물이 배의 진행을 방해하기 때문에 배의 속도에서 강물의 속도를 빼면 됩니다.

우리가 구해야 할 값이 바로 강물의 속도입니다. 강물의 속도를 모르는데 어떻게 하지요?

그렇기 때문에 강물의 속도를 x라 하고 방정식을 세워서 풀면 되지요. 내려갈 때의 속도는 $20+x$, 거슬러 올라갈 때의 속도는 $20-x$가 됩니다.

시간 $= \dfrac{거리}{속도}$ 이고 내려갈 때의 시간과 올라올 때의 시간을 합하면 전체 시간 40초가 되니까 방정식을 세우면 다음과 같습니다.

$$\frac{375}{20+x} + \frac{375}{20-x} = 40$$

식이 복잡하군요. 이사님께서 차근차근 풀어 주십시오.

먼저 분모 값을 없애기 위해 두 분모 값을 세 항에 모두 곱해 주면 되는데요. 정리하면,

$375(20-x) + 375(20+x) - 40(20+x)(20-x)$가 됩니다.

이 식을 차근차근 풀어서 정리하면 ①과 같습니다.

$$375 \times 20 - 375x + 375 \times 20 + 375x = 40(400 - x^2) \text{ —— ①}$$

①의 좌변 $375x$는 소거되고, 우변은 분배법칙으로 풀면

$$375 \times 20 \times 2 = 40 \times 400 - 40 \times x^2 \text{ —— ②}$$입니다.

②의 양변 모든 항을 40으로 나누면 ③과 같이 간단해집니다.

$$375 = 400 - x^2 \text{ —— ③}$$

양변에 375를 빼고 x^2을 더해 줍니다. 그러면 $x^2 = 25$를 얻습니다. 제곱 값은 양(+)과 음(-)값을 모두 가질 수 있어서 제곱을 풀면 두 개의 값 x는 +5 또는 -5가 되는데, 여기서 강물이 흐르는 방향을 양으로 잡았기 때문에 강물 속도 x의 값은 +5가 됩니다. 즉, 강물의 속도는 5m/s입니다.

속도 덧셈

속도 U로 움직이는 버스 안에서 속도 V로 걸어가는 사람의 속도는, 버스 밖에 서 있는 관찰자에게는 U+V입니다. 이 현상은 움직이는 버스에서 걸어가는 사람의 경우뿐만 아니라 움직이는 버스에서 물체를 던지는 경우에도 적용되는데, 만일 10m/s의 속도로 달리는 버스에서 버스가 가는 방향으로 5m/s의 속도로 물체를 던진다면 버스 밖에 있는 사람에게는 물체의 속도가 두 속도를 더한 15m/s의 속도로 측정되는 것이지요.

 복잡한 문제를 해결하시느라 수고하셨습니다. 분수로 된 두 식을 풀다 보니 식이 복잡해지는군요. 어쨌든 강물의 속도를 알았으니 교량 건설은 오다리 이사님께 맡기는 게 어떨까요?

그렇게 합시다. 강물의 속도를 알았으니 다리만 만들면 되겠군요. 하루빨리 곰 마을과 호랑이 마을에 오다리 이사님을 소개시켜 드리도록 하세요. 두 마을의 행복을 기원하는 마음으로 튼튼하고 아름다운 다리를 만들어 주십시오. 이상으로 재판을 마치겠습니다.

알부자 씨의 자동 도로

알부자 씨네 무빙워크의 평균 속도는 4m/s가 맞을까요?

알부자 씨는 갑부 마을에서도 소문난 부자이다. 그
녀는 여름에도 항상 비싼 모피코트를 두르고, 가지
각색의 보석 반지들을 열 손가락에 모두 끼고 다니
며 돈 자랑을 하는 것이 취미인 여자이다. 계절이 바뀔 때마다 매
번 집 안 인테리어를 바꾸는 것도 습관처럼 되어 버렸다.

"이봐, 김 비서!"

"네, 사모님!"

알부자 씨의 곁을 늘 따라다니는 김 비서는 오늘도 그녀의 콧소
리 섞인 목소리를 듣고 쪼르르 달려갔다.

"이번 달에 가든 파티를 열까 하는데, 김 비서 생각에 우리 집 정원 어때?"

"아주 훌륭합니다."

자신의 집에서 사람들을 불러 파티를 하는 것 역시 그녀가 즐기는 취미 중 하나였다.

"근데 이번에는 내가 제일 싫어하는 복녀가 오기로 했어. 걔네집 또 이사했더라고. 아주 그냥 집에 금칠을 했더구먼. 쳇!"

"아, 예……."

"나도 질 수 없지."

"그럼, 금이라도 준비해서 정원에 뿌릴까요?"

"뭐? 그게 아니야, 뭔가 남들이 하지 않는 멋진 것! 그런 것 좀 없나?"

"지난번에 집 안에 엘리베이터는 설치하셨고…… 아, 사모님! 그럼 이번에는 대문에서 현관까지 거리가 좀 머니까 무빙워크를 설치하는 게 어떨까요?"

"무빙 워크가 뭐야?"

알부자 씨는 돈만 많았지 기본적인 상식도 모르는 무식한 부자 씨로 통했다.

"자동 도로입니다. 에스컬레이터는 계단처럼 움직이죠? 무빙워크는 서 있기만 하면 땅바닥이 움직이는 것처럼 움직여서 먼 거리를 자동으로 가게 해 주는 장치입니다."

"좋아! 무밍? 아무튼 그거 하자!"

"무밍이 아니라, 무빙워크입니다."

"어쨌든! 파티가 열리기 전해 빨리 설치해 줘! 호호호~ 복녀도 아마 깜짝 놀랄 거야. 호호호!"

성질이 급한 부자 씨는 김 비서에게 당장 업자를 불러오라고 재촉했다. 다음 날 바로 업자가 도착했다.

"사모님, 그럼 대문에서 현관까지 총 20m의 무빙워크를 설치하겠습니다. 방향은 한쪽으로만 움직입니다. 대문에서 현관으로. 그런데 속도는 얼마로 할까요?"

"응? 그냥 빨리. 아니, 적당히!"

"그럼 보통 초속 4m로 하니까 그렇게 해 드리겠습니다."

"참! 이거 금색으로 할 수는 없나요?"

"네?"

"내가 금을 워낙 좋아해서. 금칠을 하면 안 될까?"

"안 될 것까지는 없지만, 돈이 꽤 많이 들어갈 텐데요."

"돈이라면 걱정하지 마세요. 돈은 우리 집 창고에 가득 쌓여 있으니까. 호호호! 그리고 공사는 언제 끝나는 거죠? 얼마 후에 정원에서 파티가 있어서, 빨리 좀 끝냈으면 하는데……."

"네, 당장 오늘부터 시작하겠습니다."

공사가 시작되고 며칠 되지 않아 알부자 씨네 집에는 무빙워크가 생겼다. 부자 씨는 신기한 나머지 매일같이 놀이 기구 타듯 무빙워크 위에서 내려오질 않았다.

"김 비서, 이거 정말 신기한 것 같아. 호호호!"

"네, 사모님, 정말 신기하네요. 하하하!"

"아마 복녀가 보면 까무러칠 거야. 그치? 호호호!"

기분이 몹시 좋아진 부자 씨는 파티가 열리기만을 손꼽아 기다렸다. 일주일 후, 드디어 가든파티가 열렸다. 부자 씨의 앙숙인 복녀 씨가 반짝이는 드레스를 입고 가장 먼저 도착했다.

"부자야, 너희 집은 별로 달라진 게 없네. 이번에 우리 집은 새단장 했잖아. 들었나 모르겠네? 금칠 좀 했어. 호호호!"

"복녀야 얼른 들어와라, 시끄럽다!"

복녀 씨는 대문이 열리자 깜짝 놀랐다. 금빛 도로가 현관까지 쫙 펼쳐져 있었다. 반짝반짝 빛나는 길이 조금은 신기했다.

"쳇! 금으로 도배한 우리 집에 비하면, 이 정도쯤이야 아무것도 아니지. 호호호!"

복녀 씨는 금 바닥에 발을 디뎠다. 순간 기계음과 함께 바닥이 움직이기 시작했다.

"어, 엄마야!"

놀란 복녀 씨는 바닥에 털썩 주저앉았다. 그리고 앉은 채로 현관까지 도착했다.

"복녀야, 왜 앉아서 오니? 좀 놀랐나? 호호호!"

"이게 뭐야? 뭐가 막 움직여!"

"무……."

옆에 서 있던 김 비서가 부자 씨에게 귓속말로 알려 주었다.

"무빙워크도 모르니? 촌스럽기는…… 호호호!"

"뭐? 무빙워크?"

"그냥 서 있기만 해도 대문에서 현관까지 자동으로 데려다 주는 거야. 놀랐지? 호호호!"

"쳇! 별걸 다 만들어 놨네."

복녀 씨는 금빛 도로가 내심 부러웠다.

'나도 저거 꼭 만들어야지.'

파티 시간이 다 되어 가자 손님들이 하나둘씩 모여들었다. 오는 손님마다 금빛 무빙워크에 신기함과 놀라움을 감추지 못했다.

"어머! 역시 알부자 씨 댁은 달라. 이런 금빛 도로는 엄청 비싸겠지?"

"뭐, 내가 원래 돈이 많잖아. 호호호!"

"부자 씨, 너무 부럽다. 우리 집에는 저런 거 설치할 공간도 마땅히 없는데…… ."

알부자 씨가 매번 파티를 여는 이유도 바로 사람들의 부러움과 시선을 한 몸에 받기 위해서이다. 파티가 끝날 무렵 복녀 씨가 다가왔다.

"부자야, 이거 속도가 어떻게 되니?"

"초속 4m야."

"그래? 그럼 가만히 서 있어도 5초면 대문에서 현관까지 올 수 있다는 거야?"

"당연하지! 호호호~ 게다가 도로 위를 걸어서 오면 2초밖에 안 걸려."

오늘 사람들의 부러운 시선을 넘치도록 받은 부자 씨는 기분이 너무 좋았다.

"그래? 나 먼저 간다. 쳇!"

복녀 씨는 금빛 도로 위로 올라가 대문까지 도착했다.

"어라? 부자야!"

현관으로 들어가려는 부자 씨를 복녀 씨가 불러 세웠다.

"왜?"

"어머, 이거 초속 4m라고 그랬니?"

"그래, 왜?"

"근데, 내가 너희 집 현관에서 여기 대문까지 오는 데 10초나 걸렸네. 이거 뭐 있으나마나 아니야? 오히려 그냥 걷는 게 더 빠른 것 같다. 호호호~ 너 사기당한 거 아냐?"

복녀 씨는 놀리 듯 말하고는 대문 쪽으로 나갔다. 부자 씨는 자신이 직접 무빙워크에 올라 대문으로 걸어갔다. 복녀 씨가 말한 대로 정말 10초가 걸려서 도착했다. 화가 잔뜩 난 부자 씨는 김 비서를 불렀다.

"김 비서, 당장 이리 와 봐!"

"네, 사모님!"

"우리가 속은 것 같아. 분명히 업자가 초속 4m라고 했는데……
대문에서 현관까지 도로 위를 걸어서 오면 2초가 걸리고, 현관에서
대문까지 걸으면 10초가 걸려. 그럼 평균 6초가 걸리는 거잖아?"

"이야, 사모님, 평균도 아십니까?"

"당연히 그건 기본이지! 호호호~ 아무튼, 지금 그런 얘기 할 때
가 아니야. 이게 얼마짜린데. 감히 우리를 속여? 사기꾼 업자를 수
학법정에 고소하겠어!"

두 개의 이상의 방정식에 두 개 이상의 미지수가 있을 때 미지수의 각 값이 각 방정식을 모두 만족하는 방정식의 묶음 을 연립 방정식이라고 합니다.

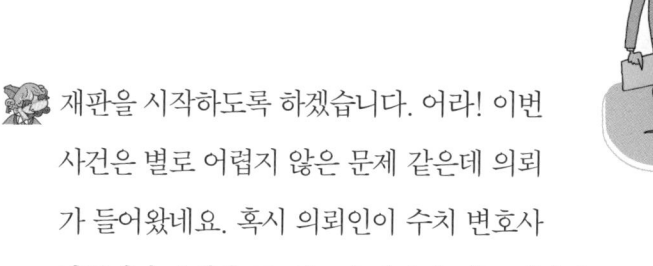

방정식을 이용해 무빙워크의 평균 속도를 구할 수 있을까요?
수학법정에서 알아봅시다.

재판을 시작하도록 하겠습니다. 어라! 이번 사건은 별로 어렵지 않은 문제 같은데 의뢰가 들어왔네요. 혹시 의뢰인이 수치 변호사만큼이나 수학을 모르는 거 아닌가 하는 생각이 드는군요.

판사님, 인격 모독하시는 거 아닙니까? 기분이 확, 상하려고 합니다.

그랬으면 미안해요. 내가 말실수를…… 아무튼 의뢰가 들어온 사건을 해결하는 게 우선이니까 시작해 보도록 합시다. 원고 측 변론하세요.

괜찮습니다. 마음 넓은 제가 이해해 드리죠. 하하!

으이구, 또 장난기가 발동하셨군요. 얼른 변론이나 하시죠.

히히, 알겠습니다. 업자는 무빙워크의 속도가 평균 초속 4m라고 했습니다. 원고가 직접 무빙워크를 타고 시간을 측정한 결과 대문에서 현관까지 걸어가면 2초, 현관에서 대문까지 걸어오면 10초가 걸렸습니다. 평균 속도를 계산하면 4m/s가 아니라 6m/s가 나옵니다.

계산 제대로 한 거 맞아요?

 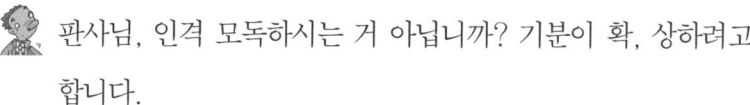

무시하지 마세요. 맞거덩요. 대문에서 현관까지 걸어가는 속도 2m/s와 현관에서 대문까지 걸어오는 속도 10m/s를 합해서 2로 나누면 평균 속도가 되잖아요?

엥? 평균 속도를 그렇게 구하는 거 맞아요? 아무래도 이상한데요. 피고 측 변호사의 변론을 들어 봐야 안심하겠어요.

원고 측 변호사는 아무래도 제 변론을 열심히 들어야겠군요. 이것저것 다 빼먹고 계산하면 어떡합니까? 계산법도 틀리고, 무조건 그렇게 더해서 2로 나누면 안 됩니다.

옳지. 원고 측 변호사 변론이 제대로인데요. 어떻게 구하는 게 맞습니까?

원고가 무빙워크 위에서 걸어갔기 때문에 사람이 걷는 속도와 무빙워크의 속도를 생각해 주어야 합니다. 사람의 속도는 모르고 있고, 무빙워크의 속도를 구해야 하니까 무빙워크의 속도도 모르는 값이 됩니다.

그럼 모르는 값이 두 개잖아요. 어떻게 하죠?

연립 방정식을 사용하면 됩니다.

그게 뭐죠?

모르는 두 가지 값을 두 개의 서로 다른 미지수 x, y로 놓아 문제를 푸는 것입니다.

이해가 잘 안 되는군요.

예를 들어, 두 수의 합이 7이고 두 수의 차가 1이라고 해 보

죠. 이 두 수가 4, 3이라는 건 금방 눈에 보이잖아요? 이걸 연립 방정식으로 만들어 볼게요.

두 수 중 큰 수를 x, 작은 수를 y라고 하면 두 수의 합이 7이라는 조건은 $x+y=7$이 되고, 두 수의 차가 1이라는 조건은 $x-y=1$이 되지요.

두 번째 식에서 $x=y+1$이죠? 이것을 첫 번째 식에 넣으면 $y+1+y=7$이니까 $2y=6$이 되어 $y=3$이 되고 $x=y+1$이므로 $x=4$가 되지요. 이렇게 두 개의 미지수에 관한 두 식을 이용하여 푸는 방정식을 연립 방정식이라고 하지요.

 그렇군요. 그럼 이 문제는 어떻게 풀죠?

 사람의 걷는 속도를 x, 무빙워크의 속도를 y로 두면 대문에서 현관까지 갈 때의 속도는 두 속도를 합하면 되고, 현관에서 대문까지 올 때의 속도는 사람의 속도에서 무빙워크의 속도를 빼면 됩니다. 그리고 무빙워크의 총 거리가 20m라고 했으니 거리를 구하는 식으로 방정식을 세우면 되지요.

 거리를 구하는 식이라면 '거리＝시간×속도'를 말하는 겁니까?

 잘 아시네요. 갈 때와 올 때를 하니까 식이 두 가지가 나오겠네요.

$$2(x+y) = 20 \ ── ①$$
$$10(x-y) = 20 \ ── ②$$

②식의 양변을 5로 나누면 $2(x-y)=4$ ─ ③ 이 됩니다. ① 과 ③을 풀어서 연립하면,

$2x+2y=20$ ─ ④

$2x-2y=4$ ─ ⑤

④ + ⑤ 를 하면 $4x=24$입니다. 4로 나누면 x값 6을 얻습니다. x에 6을 대입하면 y값은 4가 됩니다. 그러므로 사람이 걷는 속도는 6m/s이고, 무빙워크의 속도는 4m/s이지요.

 아주 깔끔한 식으로 간단히 해결되는군요. 조금만 더 생각하면 풀 수 있는 문제였는데, 저를 비롯하여 매쓰 변호사를 제외한 사람들이 수학적 능력이 많이 부족한가 봅니다. 아무튼 무빙워크는 정상적으로 작동하고 있다는 걸 알았습니다. 원고도 이해했으리라 생각되는군요. 재판을 마치겠습니다.

 순간 속도와 평균 속도

어떤 사람이 달리기를 하는 경우 매 순간 속도가 달라진다. 이때 매 시각에서의 속도를 순간 속도라 부른다. 자동차의 속도계를 보면 바늘이 계속 움직이는데, 그건 매 순간 달라지는 자동차의 순간 속도를 나타내는 것이다. 반면 매 순간 달라지는 물체의 빠르기를 생각하지 않고, 전체 이동 거리에 대해 걸린 시간을 측정하여 이동 거리를 전체 걸린 시간으로 나눈 것을 물체의 평균 속도라고 한다.

수학성적 끌어올리기

일차 방정식과 속력

일차 방정식을 이용하여 속력과 관계 있는 문제를 풀어 봅시다. 두 대의 모터 퀵보드가 있다고 해 보죠. 모터 퀵보드 A는 초속 8m로 달릴 수 있고, B는 초속 10m로 달릴 수 있습니다. 미니에게 모터 퀵보드 A를 타고 출발해서 탑까지 갔다가 돌아올 때는 모터 퀵보드 B를 타고 원래의 위치로 오라고 했죠. 미니는 출발 후 1분 30초 후에 원래 위치로 돌아왔어요. 그럼 탑까지의 거리는 얼마일까요?

속력은 물체의 빠르기입니다. 10m를 가는 데 2초 걸리면, 이때 $\frac{10}{2} = 5$에서 속력은 초속 5m입니다. 즉 1초에 5m를 움직인다는 뜻이지요. 즉 속력은 거리를 시간으로 나눈 값입니다.

- 속력 = $\dfrac{\text{거리}}{\text{시간}}$

이 문제는 처음 위치에서 탑까지 갈 때와 돌아올 때의 속력이 다른 경우입니다. 그런데 처음 위치와 탑까지의 거리를 모르는군요. 이 거리를 x라고 합시다.

따라서 가는 데 걸리는 시간은 거리를 가는 속력으로 나눈 값이므로, $\dfrac{x}{8}$(초)가 됩니다. 마찬가지로 오는 데 걸리는 시간은, $\dfrac{x}{10}$(초)가 되지요. 1분 30초는 90초이므로 다음 관계식이 성립합니다.

(가는 데 걸린 시간) + (오는 데 걸린 시간) = 90(초)

이것을 x로 나타내면 $\dfrac{x}{8} + \dfrac{x}{10} = 90$이 됩니다. 이런 방정식을 풀 때는 양변에 8과 10의 최소 공배수인 40을 곱하면 됩니다. 이때 다음 식이 얻어지지요.

$5x + 4x = 3600$

좌변에서 분배 법칙을 쓰면 $5x + 4x = (5+4)x = 9x$이므로, $9x = 3600$이 됩니다. 양변을 9로 나누면 $x = 400$이 됩니다. 그러므로 구하는 거리는 400m입니다.

제4장

연립 방정식에 관한 사건

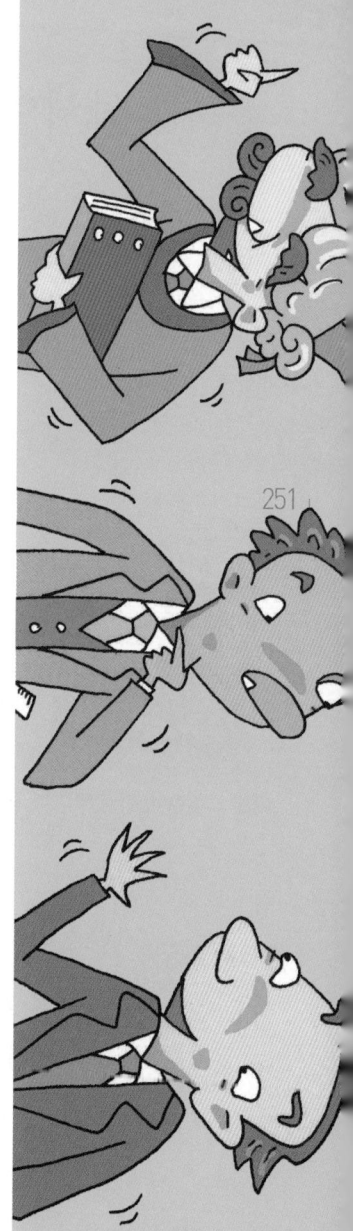

251

설사약, 변비약, 감기약의 무게

10g이상만 잴 수 있는 저울로 10g미만인 약의 무게를 잴 수 있을까요?

하장실 씨는 며칠 전부터 변비로 고생을 하고 있었
다. 볼일을 보러 화장실에 들어가면 30분 이상 앉
아 있어도 시원한 기분을 느낄 수가 없었다.

"으윽! 말 못할 이 고통……."

똑똑똑!

"사람 있어…… 요. 윽!"

"빨리 나오세요. 줄 서 있는 사람이 열 명도 넘는데…… 혼자 화
장실 전세 냈나?"

친구들과 놀이동산에 놀러 온 장실 씨는 즐겁게 놀기는커녕 많

은 사람들 때문에 마음 놓고 볼일을 볼 수가 없었다.

'앗! 이 화장실은 왜 한 칸밖에 없는 거야? 아직 일도 보지 못했는데⋯⋯.'

똑똑!

"나갑니다. 바지는 입고 나가야죠."

오늘도 결국 실패를 하고 나왔다.

"으윽~, 냄새!"

줄 서 있던 사람이 코를 쥐며 인상을 썼다. 장실 씨는 민망해서 얼굴이 벌겋게 달아올라 고개를 숙이고 황급히 화장실을 빠져나왔다.

"장실아, 오늘도 변 못 봤니?"

"어, 아무래도 변비에 단단히 걸린 것 같아."

친구들은 장실 씨의 엉거주춤한 자세를 보며 키득키득 웃었다.

"저기, 장실아! 남~남~남대문을 열어라~. 킥킥!"

"응?"

장실 씨는 아래를 내려다보았다. 반쯤 열려 있는 바지 지퍼를 급하게 올리며 말했다.

"아이, 아까 하도 문을 두드려서 급하게 나오는 바람에⋯⋯."

장실 씨의 얼굴은 금방이라도 울음이 터질 것 같았다.

"장실아, 그러지 말고 약이라도 먹어 봐. 아니면 병원에 가든지!"

"병원? 병원은 좀 그렇고, 약국에 가 볼까?"

친구들과 헤어진 장실 씨는 곧바로 동네 약국을 찾아 발걸음을 돌렸다.

"이 근처에 약국이 있었는데…… 어? 돌팔약국? 아니 무슨 약국 이름이 저렇게 믿음이 안 가냐? 아무튼 급하니까 저기라도 가야겠다."

약국 문을 열고 들어섰다. 안에는 아무도 없었다.

"저기요, 아무도 안 계세요?"

등받이 의자에 앉아 잠이 들었던 약사 이제약 씨는 꿈나라를 헤매다가 깜짝 놀라 일어났다.

"여, 여보세요?"

"으흠!"

손님을 보고 정신을 차린 제약 씨는 그제야 가운을 만지작거리며 말했다.

"아, 제가 깜박 졸았어요. 죄송합니다. 무슨 일로 오셨죠?"

장실 씨는 조심스럽게 주위를 두리번거리며 말했다.

"그게…… 제가 변비에……."

"네?"

"변비약 주세요."

약사는 고개를 갸우뚱하다가 알아들었다는 듯이 큰 소리로 말했다.

"아, 변비! 잠시만 앉아서 기다리세요. 변비약이 어디 있지?"

순간 약국 문이 열리고 장실 씨가 평소에 좋아했던 옆집 사는 정동건 씨가 들어왔다. 장실 씨는 쥐구멍이라도 있으면 숨고 싶은 심정이었다.

"풋!"

정동건 씨는 장실 씨를 힐끗 보고는 코웃음을 쳤다. 장실 씨는 약사가 너무나도 원망스러웠다.

"아, 손님은 무슨 일로 오셨죠?"

"반창고 하나만 주세요."

"네. 저기, 변비 손님, 죄송한데 반창고 먼저 드리고 변비약 드리겠습니다. 괜찮으시죠?"

"네? 네."

장실 씨는 벼락 맞은 기분이었다. 동건 씨의 얼굴을 차마 볼 수가 없었다. 고개를 땅에 닿을 정도로 푹 숙이고 있었다. 그때 머릿속에 네 글자가 맴돌았다.

'변, 비, 손, 님.'

정동건 씨는 반창고를 받아 들고 문을 나서며 장실 씨에게 말했다.

"저, 옆집 사시는 분 맞죠? 변비 빨리 낫으시길 바랍니다. 큭큭!"

"네."

장실 씨는 부끄러워 금방이라도 쓰러질 것만 같았다.

'동건 씨는 완전 포기야.'

장실 씨는 이렇게 된 이상 변비를 빨리 고치는 것이 중요하다고 생각하여 큰 소리로 말했다.

"약사님, 빨리 변비약 주세요!"

"네, 5분 정도만 기다리세요."

알미운 약사는 빙그레 웃으며 조제실로 들어갔다. 약사 이제약 씨는 약통을 꺼내다가 그만 설사약, 감기약, 변비약을 쏟아 버렸다. 그나마 다행히도 세 개의 약통에는 약이 한 알씩만 들어 있었다.

"앗!"

설사약, 감기약, 변비약은 크기와 모양이 같아서 눈으로는 구분할 수가 없었다. 그러나 세 종류의 약은 무게가 달랐다. 설사약이 가장 가벼웠고, 다음으로 변비약, 감기약 순이었다. 그리고 세 가지 약 모두 5g 이상 10g 이하의 무게였다.

"약사님, 빨리 주세요."

장실 씨는 꾸물거리는 약사가 마음에 안 들었지만, 어차피 다른 약국에 가서 또 망신을 당하느니 차라리 기다리는 편이 낫겠다고 생각했다. 하기야 이제는 더 이상 망신당할 것도 없었다.

"네. 손님, 잠깐만요."

제약 씨는 당황하는 바람에 어떻게 해야 할지 생각이 떠오르지 않았다. 약통들 옆에는 저울이 있었다. 하지만 10g 이상만 젤 수 있는 저울이라서 변비약을 가려 내려면 시간이 걸릴 것 같았다. 제약 씨는 일단 세 개의 약 중에 두 알을 집어 들었다. 그리고 약 봉투에 넣었다.

'분명 이 약이 변비약일 거야. 설사약만 아니면 되겠지.'

이제약 씨는 장실 씨에게 약을 건넸다. 장실 씨는 배가 살살 아파

오던 터라 약을 낚아채듯이 받아 들고는 돈을 놓고 약국을 나왔다.

"안녕히 가세요."

이제약 씨는 조금 걱정이 되었지만, 분명히 변비약일 거라고 스스로를 위로했다.

다음 날, 장실 씨가 돌팔약국 문을 쾅, 하고 열며 들어왔다.

"이봐요!"

약국에 있던 다른 손님들이 일제히 장실 씨를 쳐다보았다. 제약 씨가 놀라 뛰쳐나왔다.

"무슨 일입니까? 어라! 손님은 어제, 그……."

"그래요. 나, 변비 손님."

손님들은 장실 씨를 보며 나오는 웃음을 참느라 손으로 입을 막았다.

"예, 변비 손님. 그런데 오늘은 또 무슨 일로 오셨습니까?"

장실 씨는 다른 사람들의 시선에 아랑곳하지 않았다.

"당신이 어제 준 약을 하나 먹었는데 오히려 변비가 더 심해졌어. 도대체 어떻게 된 일이에요? 변비 환자에게 설사약이라니!"

"그, 그게, 그럴 리가 없는데. 이상하네!"

제약 씨의 얼굴에서 땀이 비 오듯 쏟아졌다.

5g 이상의 알약을 두 알씩 묶어서 세 번 측정하면
세 개의 방정식을 얻을 수 있습니다.

섞여 버린 변비약, 감기약, 설사약의 무게는
각각 얼마일까요?
수학법정에서 알아봅시다.

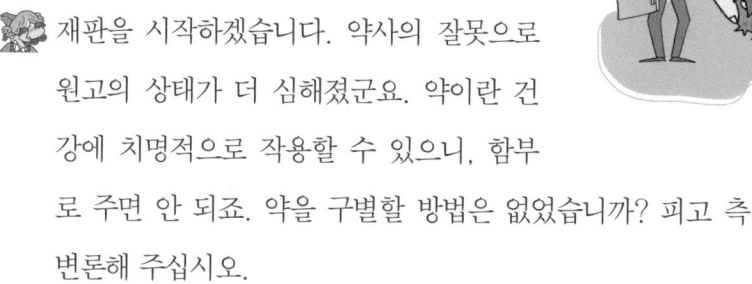

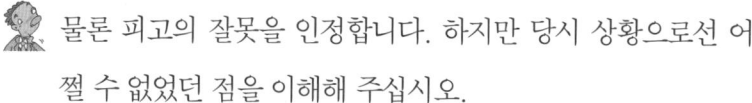

재판을 시작하겠습니다. 약사의 잘못으로
원고의 상태가 더 심해졌군요. 약이란 건
강에 치명적으로 작용할 수 있으니, 함부
로 주면 안 되죠. 약을 구별할 방법은 없었습니까? 피고 측
변론해 주십시오.

물론 피고의 잘못을 인정합니다. 하지만 당시 상황으로선 어
쩔 수 없었던 점을 이해해 주십시오.

어쩔 수 없이 아무 약이나 주었다고요? 너무 무책임하군요.
정말 약을 구별할 방법이 없었단 말입니까?

약국에는 10g 이상만 측정할 수 있는 저울이 있었고, 원고는
변비가 심해 재촉하는 상황이었다고요.

그래요? 정말 구별할 방법이 없었는지 원고 측의 변론을 들
어 보고 판단하겠습니다. 원고 측 변론하세요.

약국에는 무게 10g 이상을 측정할 수 있는 저울이 있었고, 쏟
아진 세 가지 약의 무게가 모두 다르다고 했습니다. 그렇다면
약을 충분히 구별할 수 있었다고 생각됩니다.

그래요? 약을 구별할 수 있는 방법은 무엇입니까?

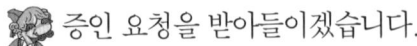 저울을 이용하는 거예요. 자세한 방법은 증인으로 신청한 방정신 수리학 박사님을 모시고 말씀드리겠습니다.

 증인 요청을 받아들이겠습니다.

반짝거리는 대머리의 50대 후반 남자는 허공에 대고 손가락으로 무언가를 계속 쓰고 입으로 중얼거리면서 증인석에 앉았다.

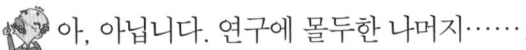 박사님, 지금 무엇을 하고 계신가요?

아, 아닙니다. 연구에 몰두한 나머지…….

그럼 증언을 부탁드리겠습니다. 약사가 약을 구별해 낼 수 있는 방법은 무엇입니까?

저울을 이용해서 무게를 측정하면 가려낼 수 있습니다.

약국에 저울이 있기는 합니다만, 10g 이상만 측정할 수 있다고 하는데, 이 저울로 잰다는 말씀이신가요?

네, 충분히 가능하지요. 알약은 모두 5g 이상이라고 했으니 두 알씩은 측정이 가능하겠지요. 두 알씩 묶어서 세 번 측정하면 세 개의 방정식을 얻을 수 있고, 세 개의 식을 연립하면 문제를 해결할 수 있습니다. 먼저 알려진 알약의 무게를 알아야겠는데요.

설사약은 6g, 변비약은 7g, 감기약은 8g입니다.

쉽게 설명하기 위해 설사약을 A, 변비약을 B, 감기약을 C라고 합시다. 두 개씩 묶어서 저울로 측정하면,

설사약(A) + 변비약(B) = 13g ─①

변비약(B) + 감기약(C) = 15g ─②

감기약(C) + 설사약(A) = 14g ─③ 이 되겠네요.

①, ② 두 식을 더해 볼까요? A + 2B + C = 28g ─④이 됩니다. 가만히 보면 식③에 C + A = 14g이라는 값이 있지요? ④식에서 ③식을 빼면 2B = 14가 되어 2로 나누면 B의 값은 7g으로 구할 수 있습니다.

B가 변비약이군요. 변비약의 무게를 알았으니 다른 약들은 쉽게 구할 수 있겠죠?

변비약이 7g으로 나왔으니 ①식과 ②식에 변비약 무게를 넣으면 설사약은 6g이고, 감기약은 8g입니다. 와우! 정확하군요.

이 방법을 이용하여 약사는 10g 저울로 7g인 변비약을 찾을 수 있습니다. 그럼 원고도 고생하지 않고 변비에서 벗어날 수 있었을 겁니다.

그렇군요. 판사님 이상입니다.

피고는 약을 가려낼 방법이 충분히 있었는데도 원고에게 아무 약이나 주었군요. 원고의 변비가 악화되었으니, 피고는 치료비를 지불할 것을 판결합니다. 시민의 건강을 책임지는 약사가 약을 아무렇게나 주는 것은 무책임한 행동입니다.

재판 후 약사는 법정의 결정에 따라 모양은 같지만 무게가 다른 약의 무게를 결정하는 방법을 훈련하는 기관에서 교육을 받았다. 그리고 지금은 연립 방정식의 도사가 되었다.

 해가 없는 등식

등식 $-3x+2=3(1-x)$를 만족하는 x를 구해 보자. 괄호를 벗기면 $-3x+2=3-3x$가 되고 이항하면 $-3x+3x=3-2$이므로 $0x=1$이 된다. 이 등식을 만족하는 x는 없으므로 이럴 때 방정식의 해는 없다고 말한다.

농구대잔치의 3점 슛 왕

유지원 선수는 3점 슛 왕을 돌려받을 수 있을까요?

서울 잠실 농구 경기장에서는 '농구 대잔치' 결승
전이 열리고 있었다. 최강 팀인 LKF와 RG의 경기
를 보기 위해 모여든 관객들 사이에서, 경기 시작
한 시간 전부터 열띤 응원전이 펼쳐졌다.

"우아~, 무슨 사람들이 이렇게 많아? 경기장이 꽉 찼네. 잘 보
이지도 않겠다."

"코트계의 황태자 유지원의 경기를 드디어 보는구나! 내가 유지
원 보러 제주도에서 서울까지 왔잖아."

유명한 스포츠 캐스터인 김용수와 김성조의 중계로 드디어 선수

들이 입장을 하여 몸을 풀고 있었다.

"자, 지금부터 올해 농구 대잔치의 결승전 경기가 시작되겠습니다. LKF 팀과 RG 팀 모두 막강한 팀 아닙니까? 아주 기대되는 경기입니다."

"네, 벌써부터 긴장이 감도는데요. 특히 이번 시즌에 멋진 활약을 보여 주었던 선수들이 눈에 띄는군요. 이름만 들어도 첫사랑처럼 설레는데요. 농구 코트의 황태자라 불리는 RG 팀의 유지원 선수 모습이 화면에 비춰지는군요. 많은 여성 팬들을 거느린 최고의 선수 아닙니까?"

"그렇습니다. 그리고 LKF 팀의 사장훈 선수와 한주엽 선수도 보이는군요. 유지원 선수가 코트계의 황태자라면, 우리 사장훈 선수는 코트계의 신사죠. 하하하!"

"예, 드디어 경기가 시작되는군요."

경기가 시작되자 경기장의 분위기는 금방 과열되었다. 유지원 선수는 오늘도 농구 코트를 날아다녔다.

"유지원 오빠, 최고!"

"꺅~ 너무 멋있어요!"

유지원 선수는 환호하는 팬들을 향해 윙크를 했다. 팬들은 거의 기절 직전으로, 소리를 지르고 좋아했다. 유지원 선수는 올 시즌의 목표를 떠올렸다.

'이번 시즌에는 꼭 3점 슛 왕이 되겠어! 다른 웬만한 상들은 받

아 봤지만 3점 슛 왕은 못 받았단 말이야! 오늘은 무조건 3점 슛만 쏘아 주겠어!'

유지원 선수는 공만 잡으면 패스도 하지 않고 계속해서 3점 슛을 쏘았다. 그런 유지원 선수를 탐탁지 않게 생각한 RG 팀 감독은 경기가 시작된 지 10분 만에 작전 타임을 요구했다.

"야, 유지원, 왜 패스를 안 하는 거야?"

유지원 선수가 숨을 헐떡거리며 말했다.

"감독님, 오늘 경기는 3점 슛으로 한 방에 끝내겠습니다. 걱정하지 마십시오."

"그래도…… 아무튼 경기에서 지면 그 책임은 자네한테 넘기겠어."

작전 타임이 끝나고 경기가 계속되었다. 중계석에서는 끊임없이 재치 있는 중계가 계속되었다.

"아~ 오늘 유지원 선수가 작정을 하고 나온 것 같습니다. 공을 넘기지 않네요!"

"그러게요. 공에 대한 욕심이 너무 지나친 게 아닌가 조금 걱정이 됩니다. 욕심쟁이예요, 하하하!"

"김성조 씨."

"네?"

"아주 재치쟁이예요, 하하하~."

"과찬의 말씀이십니다. 하하하~."

이제 전반전이 끝났군요."

"사실 농구 경기의 꽃은 바로 이 시간 아닙니까? 멋진 치어리더 쇼가 있죠? 특히 오늘은 농구 대잔치의 결승전인 만큼 아주 유명한 초대 가수가 오셨다고 하는데요."

"예, 바로 현찰!"

"너무 멋있어요!"

인기 가수 현찰 씨가 백댄서들과 함께 코트 중앙으로 걸어 나왔다. 관중들은 현찰 씨가 나타나자 환호성을 질렀다.

"우아~ 꽃미남 가수 현찰이다! 오빠~."

현찰 씨의 무대가 끝나자 치어 리더들의 쇼가 시작되었다. 절도 있는 동작과 신나는 음악으로 농구 경기장은 마치 콘서트장처럼 열광의 도가니가 되었다.

"역시, 농구의 꽃입니다!"

"김성조 씨, 침을 다 흘리십니까? 하하하~."

"예? 그게 아니라…… 허허허!"

"자, 이제 공연이 끝나고 후반전이 시작되었습니다. 현재 스코어가 몇이죠?"

"34 대 30으로 RG 팀이 조금 앞서고 있습니다."

유지원 선수는 전반전에 이어 후반전에도 계속해서 3점 슛에 도전하고 있었다. 그렇게 경기는 숨 가쁘게 진행되었고, 마침내 RG 팀은 우승을 거두었다.

"예, 74 대 69로 RG 팀이 우승을 차지했습니다. 정말 멋진 경기였습니다. 우리 유지원 선수의 3점 슛이 상당히 인상적인 경기였는데요."

"이번 3점 슛 왕에 도전할 만하겠죠?"

"글쎄요. LKF 팀의 사장훈 선수도 이번 대회에 3점 슛이 꽤 많다고 들었습니다. 사장훈 선수는 3점 슛만 24점이나 득점을 했습니다. 유지원 선수는 과연 몇 점일까요?"

유지원 선수는 팀의 우승도 기뻤지만, 3점 슛 왕이 될 것 같다는 생각에 기분이 날아갈 것만 같았다. 결승전이 치러지고 이어질 시상식을 준비하기 위해 경기장 안은 어수선했다. 그런데 농구 위원회 자리에서 긴급 회의가 열리는 듯했다. 위원들의 얼굴에 당황스러운 표정이 역력했다. 몇 분 후, 중계석으로 종이 몇 장이 전달되었다. 종이를 받아 든 김용수와 김성조의 표정이 굳어졌다.

"농구 팬 여러분, 문제가 조금 생긴 것 같습니다. 이번 경기에서 유지원 선수는 15골을 넣었는데 기록원의 실수로 2점 슛과 3점 슛을 구별하여 기록하지 않았다고 합니다. 그래서 유지원 선수의 42점 중 절반인 21점만을 3점 슛으로 인정해야 할 것 같습니다."

"결과적으로 이번 경기의 3점 슛 왕은 아슬아슬하게도 LKF 팀의 사장훈 선수가 되었습니다. 축하드립니다."

경기장 안에서는 폭죽이 터지고 경쾌한 축하 음악이 울려 퍼졌다. 유지원 선수는 당연히 자신이 받을 줄 알았던 상을 상대팀 선수인 사장훈 선수에게 빼앗기게 되자 너무 억울했다.

"안 돼!"

유지원 선수는 코트 중앙으로 걸어 나가 소리쳤다. 순간 경기장 안은 잠잠해졌다.

"이건 말도 안 됩니다. 제가 3점 슛 왕이 되기 위해 얼마나 열심히 해 왔는데…… 기록원의 실수라니요! 말도 안 돼! 전 이번 경기에서 거의 대부분의 공을 3점 슛으로 넣었습니다. 어째서 42 득점 중 반만 3점 슛으로 인정하시는 겁니까? 저는 절대 이 결과를 인정할 수도, 이해할 수도 없습니다. 어떻게든 사실을 밝혀서 3점 슛 왕을 돌려받겠습니다."

농구 위원회에서는 유지원 선수의 태도에 당혹감을 감추지 못했다.

"이봐, 유 선수, 다음 기회에 더 잘하면 되지. 이번 시즌은 자네 팀이 우승한 것으로 만족하게."

유지원 선수의 얼굴이 붉어졌다.

"그게 말이 됩니까? 정당한 제 실력으로 상을 받겠다는데……. 그렇다면 저는 이번 문제를 수학법정에 고소할 수밖에 없습니다."

3점 슛 개수를 x라 두고, 2점 슛 개수를 y로 둘 때
2점과 3점 슛의 점수를 더하면 42점 이라고 했기 때문에
방정식은 $3x+2y=42$가 됩니다.

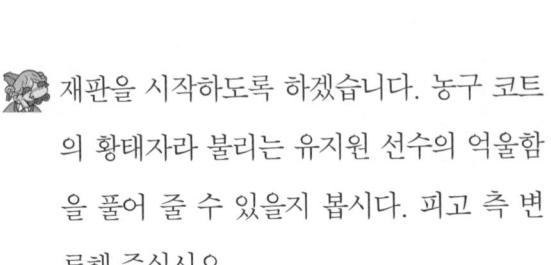

여기는 **수학법정**

방정식을 이용하여 2점 슛과 3점 슛의
개수를 알아낼 수 있을까요?
수학법정에서 알아봅시다.

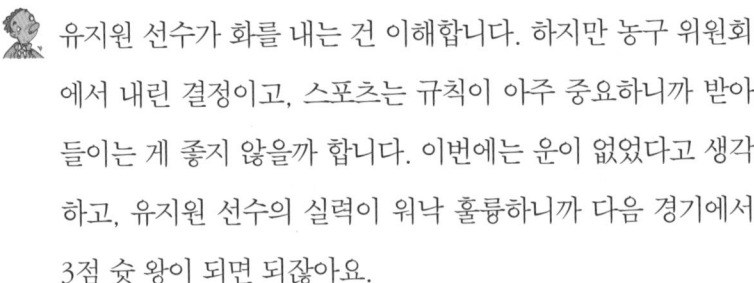

재판을 시작하도록 하겠습니다. 농구 코트
의 황태자라 불리는 유지원 선수의 억울함
을 풀어 줄 수 있을지 봅시다. 피고 측 변
론해 주십시오.

유지원 선수가 화를 내는 건 이해합니다. 하지만 농구 위원회
에서 내린 결정이고, 스포츠는 규칙이 아주 중요하니까 받아
들이는 게 좋지 않을까 합니다. 이번에는 운이 없었다고 생각
하고, 유지원 선수의 실력이 워낙 훌륭하니까 다음 경기에서
3점 슛 왕이 되면 되잖아요.

수치 변호사, 유지원 선수는 이번 일이 평생 가슴속에 남을지
도 모릅니다. 수치 변호사를 원망해도 괜찮습니까?

싫습니다. 제가 잘못한 게 뭐 있다고 그러십니까? 수학 못해
서 매일 구박받는 것도 억울한데…….

수치 변호사도 억울한 마음을 아니까 유지원 선수의 맘을 더
잘 이해하겠군요. 호호호! 어떻게든 해결해 보자고요. 그럼
원고 측 변론을 들어 봅시다.

유지원 선수의 억울함을 풀어 줄 방법을 찾았습니다. 3점 슛

과 2점 슛의 개수를 찾아내면 되는 거니까 방정식을 이용해서
풀면 어떨까 하는데요?

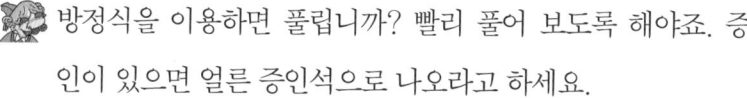 방정식을 이용하면 풀립니까? 빨리 풀어 보도록 해야죠. 증
인이 있으면 얼른 증인석으로 나오라고 하세요.

판사님이 왜 그렇게 재촉하세요? 유지원 선수를 좋아하시나
봅니다.

농구 싫어하는 사람 별로 없을걸요. 아무튼 얼른 진행합시다.

알겠습니다. 증인을 모시겠습니다. 증인은 방정식 퀴즈에서 3
회 연속 우승을 한 나최고 수학 선생님이십니다.

나최고 선생님은 3회 연속 우승한 것을 과시하듯 어깨
를 부채처럼 넓게 펴고, 목에는 부러져라 힘을 준 채 당
당하게 걸어 나왔습니다.

선생님의 방정식 풀이 능력이 대단하다고 들었는데요. 이번
사건도 방정식으로 풀 수 있습니까?

물론입니다. 제가 풀 수 없는 방정식은 없습니다. 하하하!

선생님의 능력을 믿어 보겠습니다. 유지원 선수가 넣은 골의
수는 15개고요, 전체 점수는 42점이라고 합니다. 기록원의
실수로 42점 중 3점 슛이 몇 개인지 모른다는군요. 3점 슛으
로 얻은 점수는 몇 점일까요?

하하하, 간단하군요. 방정식은 두 개를 얻을 수 있습니다. 두 개의 방정식을 연립해서 풀면 되겠군요.

먼저 알고자 하는 값을 미지수로 놓아야 합니다. 3점 슛 개수와 2점 슛 개수를 알면 정확한 점수를 알 수 있으니까 3점 슛 개수를 x로 두고, 2점 슛 개수를 y로 두면 되겠군요.

 그럼 x와 y값을 더하면 총 슛의 개수가 되는 거 맞죠?

 맞습니다, 맞고요. 정리하면 $x + y = 15$가 됩니다.

방정식이 하나 더 나오지요. 2점과 3점 슛의 점수를 더하면 42점이라고 했으니 방정식은 $3x + 2y = 42$가 됩니다.

 두 방정식을 어떻게 연립해서 풀지요?

 두 미지수 중 하나의 미지수를 같은 값으로 맞추면 됩니다. $x + y = 15$ 식 전체에 2를 곱하면 $2x + 2y = 30$이 되지요. $3x + 2y = 42$ 식에서 $2x + 2y = 30$ 전체를 빼면 y는 소거되고 x만 남습니다. 그래서 x값은 12가 됩니다. 이 값을 $x + y = 15$ 식에 넣으면 y값은 3이 되고, x값이 3점 슛, y값은 2점 슛의 개수니까 12개의 3점 슛을 넣은 거죠.

 그럼 유지원 선수의 3점 슛 점수는 36점이군요.

 그렇죠. 3점 슛으로 24점을 넣은 사장훈 선수보다 12점이나 앞서는군요.

 유지원 선수가 정말 억울할 뻔했습니다. 3점 슛 왕은 사장훈 선수가 아닌 유지원 선수에게 돌아가야 합니다. 그리고 기록

을 잘못한 기록원은 자신의 실수에 대해 유지원 선수에게 사과할 것을 요구하는 바입니다.

 유지원 선수가 맘고생을 한 만큼 값진 상이 될 것이라 생각합니다. 문제가 잘 해결되었으니 너무 속상해하지 말고, 다음 경기에서 더 좋은 모습 보여 줄 수 있도록 연습에 전념하시기 바랍니다. 기록원은 유지원 선수에게 사과하고, 다시는 이런 일이 일어나지 않도록 점수 기록에 신중을 기해야 할 것입니다.

---

ax+b=cx+d(a≠0)꼴의 방정식

이 방정식에서 먼저 좌변의 상수항을 우변으로 이항하면 $ax=cx+d-b$가 된다. 그 다음 우변의 cx를 좌변으로 이항하면 $ax-cx=d-b$가 된다. 좌변에서 분배 법칙을 사용하면 $(a-c)x=d-b$가 되고, 그 다음 양변을 $a-c$로 나누면 $x=\frac{d-b}{a-c}$가 되는데, 이것이 이 방정식의 해이다. 예를 들어 $6x-9=4x+11$를 풀어 보자. x가 있는 항은 좌변으로, 없는 항은 우변으로 이항하면 $6x-4x=11+9$가 되는데, 우변을 정리하고 좌변을 분배 법칙으로 묶으면 $2x=20$이 된다. 이 식의 항변을 2로 나누면 $x=10$이 되고, 이것이 방정식의 해이다.

제가 몇 번 이긴 거죠?

이긴 게임의 횟수를 어떻게 알 수 있을까요?

"시청자 여러분, 안녕하십니까? '퀴즈야 놀아 보
자'의 진행을 맡은 우재석입니다. 오늘은 지난주에
예고해 드렸던 대로 가정의 달 5월을 맞이하여 가
족 대항 퀴즈쇼를 준비했습니다. 수많은 예선전을 치르고 올라오
신 두 가족이 퀴즈 대결을 펼칠 예정입니다. 먼저 '가화만사성' 팀
입니다. 힘찬 박수로 맞이해 주십시오."

다섯 명의 가족 구성원들이 무대 뒤에서 달려 나왔다. 풍채가 좋
은 아버지와, 아버지보다 더 풍채가 좋은 어머니, 그리고 초등학교
3학년인 세쌍둥이 여자아이들이 모두 빨간 티셔츠를 맞춰 입고 나

왔다.

"안녕하십니까? 저희는 이 세상에서 가장 화목하기로 소문난 가족입니다. 가화만사성, 아자~ 아자~ 파이팅!"

"예, 아주 화목해 보입니다. 하하하! 자, 자리로 가서 앉아 주시고요. 두 번째 팀은 미남미녀 팀입니다."

이번에는 잘생긴 아버지와 예쁜 어머니, 그리고 초등학교 3학년의 귀엽게 생긴 남녀 이란성 쌍둥이가 달려 나왔다.

"안녕하세요? 저희는 '미남미녀' 팀입니다. 설명하지 않아도 저희 가족 얼굴을 보시면 아시겠죠? 하하하! 남들이 저희보고 연예인 집안이 아니냐고 하더라고요. 저희 가족 모두 정말 미남미녀죠?"

"예, 미남미녀 팀! 정말 다들 하나같이 외모가 조각이세요. 자, 이제부터 본격적으로 대결에 들어가 보도록 하겠습니다. 경기마다 이기면 2점, 지면 -1점을 얻게 됩니다. 하지만 그보다 더 중요한 것은 바로 횟수입니다. 즉, 이기시는 횟수가 가장 중요한데요. 상품이 정말 어마어마합니다. 한 번 이겼을 경우 전자레인지, 다섯 번 이기면 스팀 청소기, 열 번 이기면 최신형 냉장고를 드립니다. 그리고 스무 번 이상 이기시면 가족 모두가 다녀오실 수 있는 동남아 여행권을 드립니다. 와우! 아주, 선물이 그냥 쏟아집니다. 특히 우리 이머님들의 눈이 반짝거리십니다. 자, 그럼 대결을 시작해 보도록 하겠습니다."

녹화장 안으로 까만 상자가 하나 들어왔다. 두 팀 모두 상자 곁으로 다가왔다.

"네, 첫 번째 대결은 과연 이 상자 안에 무엇이 들어 있는지 직접 손을 넣으신 다음 말씀해 주시는 겁니다. 물론 눈은 안대로 가리겠습니다. 먼저 가화만사성 팀이 하도록 하겠습니다."

가화만사성 팀의 아버지가 나왔다. 안대를 쓰고 거침없이 오른손을 상자 안에 집어 넣었다.

"엄마야!"

가화만사성 팀의 아버지가 소리를 지르며 손을 황급히 뺐다.

"아버님, 느낌이 어떻습니까?"

"이상합니다. 뭐가 물컹거리는 것이 움직이는 것 같기도 하고 아닌 것 같기도 하고……."

다음으로 '미남미녀' 팀의 아버지가 나와 조금 머뭇거리다가 손을 집어넣었다.

"으악!"

너무 놀란 나머지 소리를 지르며 상자에서 저만치 물러났다.

"예, 우리 미남미녀 팀의 아버님께서 많이 놀라신 것 같은데요. 괜찮으세요?"

"안 괜찮습니다. 뭔가가 제 손가락에 철썩 달라붙었습니다. 으으으!"

방청객들은 꽃미남 아버지의 모습에 폭소를 터뜨렸다.

그때였다.

"저기, 정답!"

"예, 우리 가화만사성 팀의 아버님!"

"낙지입니다."

"정확히 말씀을……."

"세발낙지입니다."

"예, 정답, 정답입니다."

"와~."

가화만사성 팀은 제자리에서 폴짝폴짝 뛰며 좋아했다.

"가화만사성 팀은 벌써 선물 하나를 차지하셨습니다. 첫 번째 문제라서 우리 미남미녀 팀이 많이 긴장을 하신 것 같습니다. 이제 슬슬 긴장 푸시고 최선을 다해서 많은 선물 받아 가시기 바랍니다. 두 번째 대결은 우리 어머님들의 대결입니다."

이번에는 녹화장으로 큰 대야가 두 개 들어왔다. 대야 안에는 물에 젖은 이불이 하나씩 담겨 있었다.

"두 번째 대결은 어머님들의 빨래 대결입니다. 어머님들은 각자 주어진 도구를 이용하여 5분 안에 젖은 이불의 물기를 최대한 제거해 주시면 됩니다. 도구는 바로 야구 방망이입니다."

'가화만사성' 팀의 어머니와 '미남미녀' 팀의 어머니는 팔소매를 걷어붙이고 방망이 든 손으로 준비 자세를 취하였다.

"아~, 우리 어머님들, 너무 적극적이십니다. 이번 경기는 정말 불꽃 튀는 경기가 될 것 같습니다. 자, 준비하시고 시~ 작!"

반으로 나뉜 방청객은 서로의 팀을 응원했다.

"가화만사성, 파이팅!"

"미남미녀, 아자, 아자!"

어머니들의 방망이는 아주 빠른 속도로 움직였다. 어찌나 빠른지 방망이가 보이지 않을 정도였다.

"정말 굉장합니다. 자, 이제 시간이 다 되었는데요. 그만!"

'가화만사성' 팀의 어머니는 진행자의 '그만' 소리에도 아랑곳하지 않고 방망이질을 계속했다.

"어머님, 이제 그만! 집에서 아버님이랑 부부 싸움이라도 하셨습니까? 방망이질을 너무 무섭게 하신다~."

그제야 이성을 찾은 어머니는 방망이질을 멈추었다.

"자, 이불의 무게를 재 보겠습니다. 과연 어느 팀이 우승을 하였을까요? 왠지 가화만사성 팀이 우승을 할 것 같지만…….."

이불의 무게는 0.01kg의 차이로, 미남미녀 팀의 승리였다.

"이게 웬일입니까? 연약해 보이는 우리 미남미녀 팀의 어머님께서 우승을 하셨습니다. 축하드립니다. 이렇게 되면 현재 스코어는 1 대 1입니다. 이어서 세 번째 경기로 넘어가도록 하겠습니다."

두 팀은 이겼다 졌다,를 계속 반복하면서 수없이 경기를 치렀다.

"네, 벌써 세 시간째 경기가 치러지고 있습니다. 이제 마지막 경기입니다. 아주 간단한 국민 게임! 가위, 바위, 보입니다."

각 팀에서 한 명씩 대표가 나왔다. 가화만사성 팀에서는 세쌍둥이 중의 첫째가 나오고, 미남미녀 팀에서는 얼짱 남동생이 나왔다.

"가위, 바위, 보!"

결과는 미남미녀 팀의 승리로 끝났다. 너무 길어진 경기에 방청객들과 출연자, 스태프 모두 지쳐 버렸다.

"드디어 경기가 끝났습니다. 모두들 수고 많으셨습니다. 그럼 최종 점수를 알아보도록 하겠습니다."

"두구두구두구두구~~."

"아주 긴장이 되는데요. 바로 발표하도록 하겠습니다. 19 대 13으로 미남미녀 팀이 우승하였습니다. 축하드립니다."

펑!

무대에는 꽃가루가 흩날렸다. 그리고 멋진 불꽃이 더욱더 무대를 화려하게 장식해 주었다.

"저기, 잠깐만요!"

녹화장에 PD의 목소리가 울려 퍼졌다.

"출연자 분들께 정말 죄송합니다. 경기가 너무 많이 치러지다 보니 각 팀이 몇 번 이겼는지 그 횟수를 저희가 깜박하고 못 세었습니다. 그래서 선물을 어떻게 드려야 할지……."

"뭐라고요?"

출연한 두 팀의 가족들은 담당 PD의 말에 너무나 어이가 없었다.

"아니, 아무리 경기가 많이 치러졌어도 그렇지. 어떻게 횟수를 모른단 말이에요. 횟수가 중요하다면서요. 쳇!"

"그러게 말이에요. 우리 이러지 말고 수학법정에 고소합시다!"

A팀의 이긴 횟수를 x로 두고, 진 횟수를 y로 두면, B팀은 반대로 이긴 횟수가 y이고, 진 횟수가 x입니다. 이를 이용하여 방정식을 세우면 양 팀이 게임에서 이기고 진 횟수를 구할 수 있습니다.

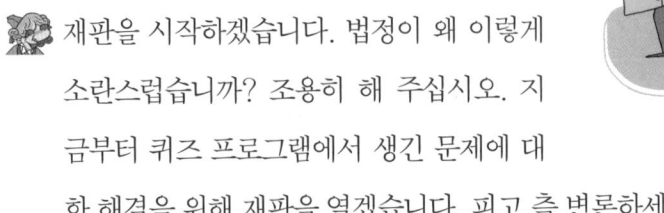
재판을 시작하겠습니다. 법정이 왜 이렇게 소란스럽습니까? 조용히 해 주십시오. 지금부터 퀴즈 프로그램에서 생긴 문제에 대한 해결을 위해 재판을 열겠습니다. 피고 측 변론하세요.

게임은 많이 이기면 우승하는 거니까 높은 점수로 우승한 미남미녀 팀이 선물 중에서 3분의 2를 먼저 선택하고, 나머지 3분의 1을 가화만사성 팀에서 가져가는 게 어떨까 합니다. 어차피 이긴 횟수를 모르니까 나누어 갈 방법이 당장 나올 리도 없고, 선물을 가져가지 못하면 출연자들의 불만이 얼마나 크겠습니까? 퀴즈 프로그램을 진행하는 PD의 체면도 있으니 대충 합의하고 마무리 짓는 게 좋겠습니다. 출연자들도 손해는 아닐 테니까요.

피고 측 변호사, 얼렁뚱땅 넘어가려 하지 마세요. 수치 변호사, 제대로 된 방법은 없습니까?

그럼 퀴즈쇼를 다시 하는 건 어떨까요? 이야, 제 머리에서 나온 생각이지만 정말 딱인걸요. 히히!

수치 변호사한테 두 손 두 발 다 들겠군요. 아무튼 대책 없이

엉뚱하고 도움 안 되는 건 막을 수 없군요. 원고 측은 해결책이 있으신가요?

 문제가 간단하진 않겠지만 방정식을 이용한다면 해결 가능성도 보입니다. 어라! 판사님 잠깐만요. 방정식 역사학과의 만득기 선생님에게서 멀티메일이 도착했는데요. 방정식을 이용하여 이번 사건을 해결할 수 있다는 연락입니다. 만득기 선생님께서 법정에 거의 도착했다고 하시니, 모시고 문제 풀이 방법을 들어 보는 게 좋겠습니다.

 그거 듣던 중 반가운 소리군요. 거의 다 오셨다니 조금만 기다리죠.

법정 문이 열리고 캐주얼 차림의 40대 초반 남성이 허겁지겁 들어왔다.

 헥헥! 제가 늦지 않았는지 모르겠습니다.

 아닙니다. 한숨 돌리고 증인석에 앉으시면 됩니다.

그럼 변론을 시작하도록 하겠습니다. 박사님은 방정식을 이용해서 해결하신다고 하셨는데요. 어떻게 구할 수 있을까요?

이긴 횟수를 구하는 게 문제이므로 모르는 미지의 값을 이기고 진 횟수로 두어야겠습니다. 가화만사성 팀의 이긴 횟수를 x로 두고, 진 횟수를 y로 두면 미남미녀 팀은 반대로 이긴 횟수가 y이고 진 횟수가 x가 되지요. 이기면 2점, 지면 -1점을 얻는다고 했고, 최종적인 점수인 19점과 13점을 이용하면 방정식을 세울 수 있습니다.

 그럼 얼른 방정식을 만들어 봐야겠군요. 복잡하겠는데요.

 꼭 그렇지는 않습니다. 먼저 가화만사성 팀의 이긴 점수는 $2x$, 진 점수는 $-y$, 총 얻은 점수는 13점이므로 ①번 식을 얻을 수 있고, 미남미녀 팀의 이긴 점수는 $2y$, 진 점수는 $-x$, 총 얻은 점수는 19점이므로 ②번 식을 얻을 수 있습니다.

$2x - y = 13$ ——①

$2y - x = 19$ ——②

 그럼 두 식을 연립해서 x와 y의 해답을 구하면 되겠군요. x와 y값이 같아야 합하거나 뺄 텐데 어떻게 해야 하죠?

 ①번 방정식에 2를 곱해 봅시다. 그리고 ②식과 합하면 y값을 소거할 수 있습니다.

① $\times$ 2 → $4x - 2y = 26$ ——③

② + ③ → $3x = 45$

그러므로 x값은 15입니다. 여기서 x는, 가화만사성 팀이 이긴 횟수이고 미남미녀 팀은 진 횟수입니다.

 그럼 y값은 두 식 중 x의 값에 15를 넣으면 얻어지겠군요. 어디 보자, y의 값은 17입니다.

 그렇습니다. y의 값은 가화만사성 팀이 진 횟수이면서 미남

미녀 팀이 이긴 횟수죠. 미남미녀 팀이 더 많이 이겼네요.

박사님, 문제 해결하시느라 수고 많으셨습니다. 그럼, 판사님 판결 부탁드립니다.

박사님의 능력에 감탄했습니다. 그리고 퀴즈쇼에 참가한 두 팀 모두 최신형 냉장고를 받아 가는 걸로 판결하겠습니다. 두 팀 모두 좋은 선물을 받아 갈 수 있게 되었군요. 프로그램 담당 PD님은 순조롭게 문제가 해결되어서 한시름 놓으셨겠습니다. 퀴즈쇼에 참가한 팀 모두에게 좋은 상품이 돌아갈 수 있게 돼서 오늘 판결은 아주 기분이 좋습니다.

재판이 끝난 후 수학법정 팀과 방송국 팀과 만득기 씨는 함께 저녁을 먹었다. 그 자리에서 방송국은 만득기 씨에게 수학 퀴즈 자문을 의뢰했다.

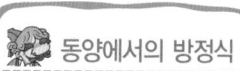 동양에서의 방정식

동양에서 최초로 방정식의 풀이 법이 소개되어 있는 책은 중국 고대의 수학책인 《구장산술》이다. 이 책은 아홉 개의 장으로 구성되어 있는데, 그중 8장에 미지수가 세 개인 연립 방정식의 풀이 법이 소개되어 있다.

연립 방정식

 이제 미지수가 두 개인 일차 방정식에 대해 알아봅시다. 10원 짜리 동전 몇 개와 100원짜리 동전 몇 개를 합쳐서 금액이 230원 이라고 합시다. 그럼 10원짜리 동전과 100원짜리 동전은 몇 개일 까요?

 모르는 것은 10원짜리 동전의 개수와 100원짜리 동전의 개수입 니다. 즉 미지수가 두 개입니다. 10원짜리 동전의 개수를 x, 100원 짜리 동전의 개수를 y라고 합시다.

 이때 10원짜리 동전의 전체 금액은 $10 \times x$(원)이고, 100원짜리 동전의 전체 금액은 $100 \times y$(원)입니다.

 그러므로 전체 금액은 $10 \times x + 100 \times y$(원)이고, 이것이 230원 이므로 곱하기 기호를 생략하면 $10x + 100y = 230$이 됩니다. 이것 은 미지수가 두 개인 일차 방정식입니다. 그럼 이 방정식의 해는 어떻게 구할까요?

 동전의 개수는 정수입니다. 즉 동전의 개수는 0, 1, 2, 3… 이 되 지요.

 먼저 100원짜리 동전이 없다고 합시다. 그럼 $y = 0$이지요. 이때 주어진 방정식은 $10x = 230$이 됩니다. 이 방정식을 풀면 $x = 23$이지요. 그러므로 내 손에 10원짜리 동전만 23개가 있을 수 있습니다. 하지만 다른 경우도 있나 조사해 봅시다.

100원짜리 동전이 1개 있다고 합시다. 그럼 $y = 1$이므로 주어진 방정식은, $10x + 100 \times 1 = 230$이 됩니다. 양변에서 100을 빼면 $10x = 130$이 됩니다. 이 방정식을 풀면 $x = 13$이지요. 그러므로 내 손에 100원짜리 동전 1개와 10원짜리 동전 13개가 있을 수 있습니다. 또 다른 경우가 있을까요?

이번에는 100원짜리 동전이 2개 있다고 합시다. 그러면 $y = 2$이므로 주어진 방정식은 $10x + 100 \times 2 = 230$이 됩니다. 양변에서 100을 빼면 $10x = 30$이 됩니다. 이 방정식을 풀면 $x = 3$이지요. 그러므로 내 손에 100원짜리 동전 2개와 10원짜리 동전 3개가 있을 수 있습니다.

그럼 100원짜리 동전이 3개일 수 있을까요? 100원짜리 동전 3개의 금액은 300원입니다. 그러므로 이런 경우는 동전의 금액이 230원이 될 수 없지요. 같은 이유로 100원짜리 동전의 개수는 3개 이상 될 수 없습니다.

그러므로 다음과 같이 세 가지 경우가 가능합니다.

	10원짜리 동전의 개수(x)	100원짜리 동전의 개수(y)	전체 금액
(A)	23	0	230원
(B)	13	1	230원
(C)	3	2	230원

　　그럼 도대체 내 손에는 몇 개의 10원짜리 동전과 100원짜리 동전이 들어 있을까요? 물론 답은 위의 세 가지 경우 중 한 가지입니다. 하지만 전체 금액이 230원이라는 하나의 조건만으로는 셋 중 어느 경우인지 알 수 없습니다. 만일 내 손에 들어 있는 동전이 모두 5개라고 하면 동전의 개수를 결정할 수 있습니다.

두 동전 개수를 합쳐 5개이고, 합한 금액이 230원이면, 10원과 100원은 각각 몇 개일까?

전체 동전의 개수가 5개라는 조건을 식으로 쓰면, $x+y=5$입니다. 이것은 x, y에 대한 또 다른 식입니다. 이렇게 미지수가 2개인 일차 방정식에서 해가 하나로 결정되기 위해서는 2개의 식이 필요합니다. 즉 2개의 식을 동시에 만족하는 x, y를 찾아야 하지요.

이렇게 2개의 미지수가 만족하는 2개의 일차 방정식 세트를 연립 방정식이라 부르고, 다음과 같이 나타냅니다.

$$\begin{cases} 10x+100y=230 \\ x+y=5 \end{cases}$$

물론 이 연립 방정식의 해는 $x=3$, $y=2$이지요.

수학과 친해지세요

이 책을 쓰면서 좀 고민이 되었습니다. 과연 누구를 위해 이 책을 쓸 것인지 난감했거든요. 처음에는 대학생과 성인을 대상으로 쓰려고 했습니다. 그러다 생각을 바꾸었습니다. 수학과 관련된 생활 속의 사건이 초등학생과 중학생에게도 흥미 있을 거라는 생각에서였지요.

초등학생과 중학생은 앞으로 우리나라가 21세기 선진국으로 발전하기 위해 꼭 필요한 과학 꿈나무들입니다. 그리고 과학의 발전에 가장 큰 기여를 하게 될 과목이 바로 수학입니다.

하지만 지금의 수학 교육은 논리보다는 단순히 기계적으로 공식을 외워 문제를 푸는 것이 성행하고 있습니다. 과연 우리나라에서 수학의 노벨상인 필즈메달 수상자가 나올 수 있을까 하는 의문이 들 정도로 심각한 상황에 놓여 있습니다.

저는 부족하지만 생활 속의 수학을 학생 여러분들의 눈높이에 맞추고 싶었습니다. 수학은 먼 곳에 있는 것이 아니라 우리 주변에 있다는 것을 알리고 싶었습니다. 수학 공부는 논리에서 시작됩니다. 올바른 논리는 수학 문제를 정확하게 해결할 수 있도록 도와줄 수 있기 때문입니다.